RAÚL RIVAS GONZÁLEZ

La maldición de Tutankamón y otras historias de la Microbiología

GUADALMAZÁN

Primera edición: marzo de 2019

Guadalmazán • Colección Divulgación científica
Director editorial: Antonio Cuesta
Edición de Ana Cabello
www.editorialguadalmazan.com
pedidos@almuzaralibros.com - info@almuzaralibros.com
@AlmuzaraLibros

Imprime: black print
ISBN: 978-84-17547-01-1
Depósito Legal: CO-147-2019
Hecho e impreso en España - *Made and printed in Spain*

A Sara Xuan,
por tirar estrellas en mi tejado.

Índice

Presentación

Vivimos en un mundo microbiano. Los microorganismos aparecieron en la Tierra antes que cualquier animal o planta, y han ocupado todas las grietas y rincones del planeta. Por supuesto, no somos una excepción. El número de microorganismos que contiene nuestro cuerpo es muy superior al de células humanas. Es evidente que, el papel de los microorganismos en la consolidación de la vida y la instauración de los hábitats ha sido primordial. Desde que los descubrimos, hace apenas un pequeño manojo de cientos de años, tan solo hemos comenzado a vislumbrar su capacidad y potencial.

A pesar que ya hemos sido presentados, los microorganismos todavía continúan siendo unos vecinos bastante misteriosos y desconocidos. Quizás porque son pequeños, quizás porque son silenciosos. Lo cierto es que, hoy en día, intuimos y soñamos que pueden aportar gran cantidad de soluciones a problemas crónicos o emergentes de nuestra sociedad. Por ello, nos empeñamos en espiarlos, a través de ventanas indiscretas como la genómica, la metagenómica, la culturómica, la epigenómica, la proteómica, la transcriptómica, la metatranscriptómica o la metabolómica. Queremos saber porqué son tan diversos, porqué son tan versátiles, cómo pueden ayudarnos y cómo podemos combatirlos. Además, el empleo de estas nuevas herramientas, nos permitirá desentrañar interrogantes del pasado que hasta ahora permanecían sin descifrar.

Este libro pretende divulgar y enseñar, compartir, entretener y por supuesto aclarar algunos sucesos en los que han estado involucrados microorganismos.

En este sentido, la capacidad de los microorganismos para influir en el desarrollo de la humanidad ha sido rotunda y en ocasiones estrepitosa. Han derrotado a reyes y faraones. Han diezmado ejércitos y asolado naciones. Han sido temidos y sin embargo, algunos de ellos han salvado millones de vidas. Han plagado la historia de anécdotas, chascarrillos, encuentros y desencuentros, giros inesperados, confusiones, enigmas y desconciertos que merecen la pena conocer.

Sin duda, bacterias, arqueas, hongos, virus, protozoos, priones, viroides y microalgas, continuarán acompañándonos en nuestro recorrido existencial. Por ello, la Microbiología se erige como un área presente y futura de importancia vital, y la investigación básica y aplicada que nos permita un conocimiento más profundo de los microorganismos, será fundamental para satisfacer los desafíos actuales y futuros a los que nos enfrentamos.

Y por cierto, si no os gusta convivir con microorganismos, no olvidéis, que ellos fueron los primeros residentes del planeta, por lo que en realidad, los nuevos vecinos molestos y descuidados somos nosotros.

Raúl Rivas González

El brillo del ángel

John Wesley Powell fue un hombre polifacético y adelantado a su tiempo. Hijo de un predicador metodista, nació en Mount Morris, Nueva York, el 24 de marzo de 1834 y hasta su muerte en Maine el 23 de septiembre de 1902, ejerció de soldado, geólogo, botánico y explorador, realizando importantes contribuciones a las ciencias de la geomorfología y la antropología cultural.

En 1867, casi dos años antes de la ceremonia «Golden Spike» (clavo de oro) en la que se festejó la finalización del primer ferrocarril transcontinental de los Estados Unidos, organizó y lideró un viaje a través de las llanuras americanas con un grupo de dieciséis estudiantes estadounidenses, en lo que fue la primera excursión geológica de importancia a la región montañosa del Colorado. Meses más tarde, organizó una nueva expedición para explorar los cañones de los ríos Verde y Colorado. En aquella ocasión, descendió con cuatro barcos y once hombres por aguas tortuosas y amenazantes, negociando con remolinos y rápidos. Alcanzó el corazón de una colosal área inexplorada dominada por barrancos y caídas, consiguiendo que por primera vez una expedición atravesara el Gran Cañón. Aquella aventura, dotó a Powell de una reputación inusitada a nivel nacional,

John Wesley Powell fotografiado en 1874 por Jack Hillers, durante la segunda expedición del río Colorado, junto a Tau-gu, jefe de los indios payutes. (Library of Congress, Washington, D. C., USA).

lo que entre otras cosas contribuyó a que años después nombrasen un nuevo mineral en su honor, la powellita. El prestigio adquirido le permitió financiar más expediciones, en las que recopiló datos etnológicos y antropológicos con los que sentó las bases de las primeras clasificaciones de las lenguas indígenas americanas. Sus ideas pioneras sobre la necesidad de emplear riego para lograr un rendimiento agrícola exitoso o la incumbencia de conservar las aguas pluviales por embalses artificiales, tuvieron críticas feroces inicialmente, sin embargo con posterioridad, formaron parte sustancial de un movimiento general para la reforma legislativa que provocó el desarrollo inteligente del árido oeste.

En una ocasión, Powell fue descrito como una figura algo áspera y llamativa. Con probabilidad, su participación en la guerra de la Secesión, uno de los conflictos armados más significativos de la historia de los Estados Unidos de América, contribuyó a modelar su carácter. Con poco más de 27 años, al estallar la guerra civil estadounidense se alistó en el Voluntariado del Vigésimo Regimiento de Illinois para formar parte del ejército Unionista del norte. Este hecho cambió abruptamente su trayectoria profesional redirigiéndolo hacia la carrera militar, en la que alcanzó el rango de comandante y por el cual fue conocido coloquialmente en años posteriores. En esa etapa participó en la batalla de Shiloh, una de las más cruentas de la historia de Estados Unidos, en la que durante dos días el ejército Confederado y el ejército de la Unión combatieron en el condado de Hardin en Tennessee. El ejército del norte se alzó con la victoria, pero el campo de batalla quedó tachonado con 3000 muertos y más de 16.000 heridos de ambos bandos, entre ellos John Wesley Powell que perdió el brazo derecho. Muchos de los mutilados en aquella batalla salvaron la vida gracias a los consejos del cirujano Samuel Gross, académico enrolado en las filas de la Unión que había criticado con dureza los torniquetes recomendados en los manuales de cirugía de guerra, y propuesto como alternativa que cada soldado llevara en su bolsillo un palo de madera de seis pulgadas de largo y un pañuelo o pieza de rodillo con una compresa gruesa, instruyendo a los combatientes cómo, dónde y cuándo debían utilizarlo.

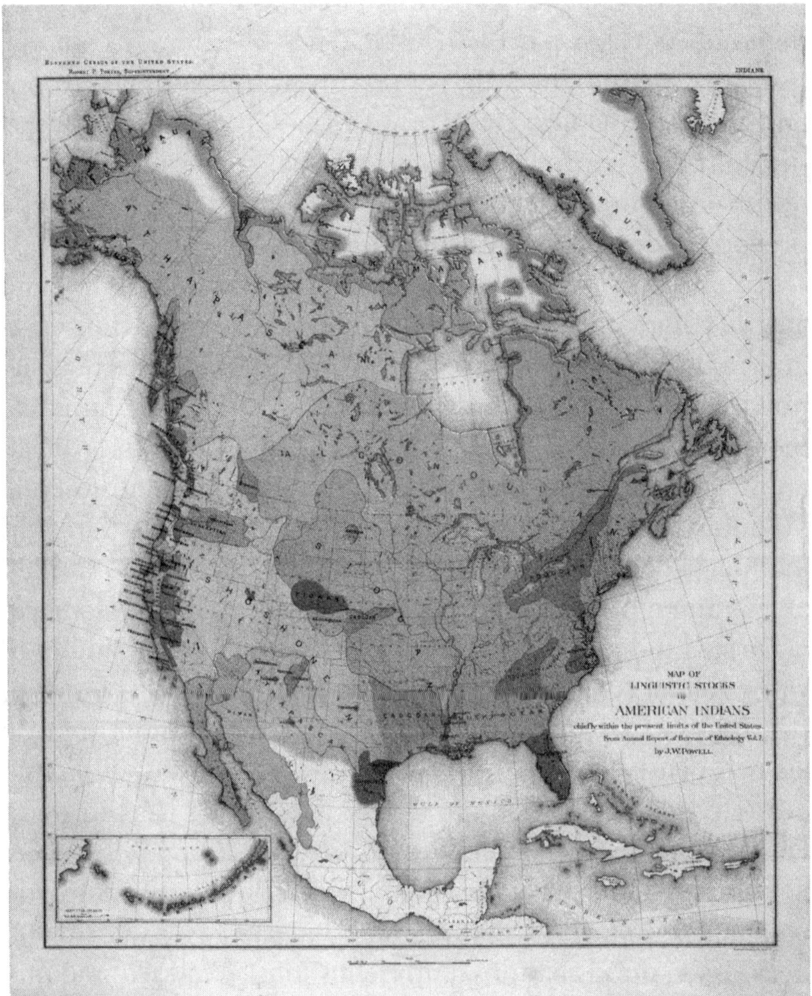

Mapa de las poblaciones lingüísticas de los indios americanos. El mapa fue publicado en 1890, con base a los datos recogidos por John Wesley Powell durante sus expediciones. (Library of Congress Geography and Map Division, Washington, D. C., USA).

A pesar de los consejos, la magnitud de la carnicería abrumó tanto a los médicos federales como a los confederados. Las balas y bayonetas buscaban con avidez cuerpos donde enterrarse. Los cañones dominaban el escenario. La artillería esparcía metralla por doquier. Piezas de diferente tamaño volaban insensibles con el encargo de lisiar y horadar piel, músculos y vísceras. Las heridas abiertas se colmaban de larvas de insectos, tierra, dolor y suciedad. La masacre superó las previsiones más agoreras y la mayoría de los caídos no pudieron recibir ayuda inmediata o tan solo recibieron inservibles curas simples. Los más afortunados fueron conducidos a las cercanías de los hospitales de campaña. La mayoría permanecieron semiinconscientes bajo la lluvia, acostados en el barro y arropados por el frío. Tras meses marchando, con una dieta deficiente, situaciones higiénicas deplorables y un agudo estrés físico y mental, el sistema inmunológico de los soldados estaba muy debilitado. Como consecuencia de las condiciones y ante la falta de un tratamiento adecuado, inmediatamente aparecieron las infecciones, reduciendo drásticamente cualquier atisbo de supervivencia. Al caer la primera noche, la oscuridad y los gemidos ahogados ocupaban todo el campo de batalla.

La esperanza llegó en forma de un tenue brillo azulado. El resplandor brotaba de las heridas de algunos soldados. Nadie sabía lo que era o lo que significaba, y algunos pensaron que se trataba de una alucinación. Sin embargo, el brillo no desapareció, permaneció allí, como un faro azul en mitad del miedo y la confusión, acompañando toda la noche a las heridas de los militares, hasta que finalmente fueron evacuados. Sorprendentemente, los médicos observaron que los pacientes que habían manifestado el resplandor azul en sus lesiones, no presentaban las infecciones típicas asociadas a ese tipo de heridas. Además, mostraron un índice más alto de curación y recuperación que los compañeros cuyas heridas no brillaban. El misterioso brillo salvó cientos de vidas. En aquel momento, las teorías sobre la transmisión de enfermedades, la existencia de microorganismos patógenos o las prácticas antimicrobianas eran totalmente rudimentarias o simplemente inexistentes, por lo que la situación era inconcebible y solo pudieron explicarla con base a los conocimientos que manejaban. El dictamen fue inapelable y concluyeron que los heridos habían sanado porque las heridas habían sido tocadas por los ángeles. Así, aquella sutil luz azul fue denominada como «el brillo del ángel» o «el resplandor del ángel».

Cromolitografía publicada en 1888 representando la Batalla de Shiloh, en la cual se enfrentaron los Estados Confederados de América dirigidos por los generales Albert Sidney Johnston y Pierre Gustave Toutant de Beauregard contra el ejército de la Unión liderado por el comandante general Ulysses S. Grant. (Library of Congress, Washington, D. C., USA).

La batalla de Shiloh fue crucial para el devenir de la guerra, y en parte promovió que miles de hombres de raza negra intentaran alistarse en las filas del ejército de la Unión, constituyendo el primordio de lo que más tarde se conocerían como Soldados Búfalo. Este término hace referencia a los primeros regimientos integrados en el ejército regular estadounidense, compuestos únicamente por gente afroamericana y cuyo valor y esfuerzo fue reconocido por el presidente Abraham Lincoln en la Proclamación de la Emancipación del 1 de enero de 1863.

Durante mucho tiempo la historia del brillo del ángel bailó entre el folklore y la superstición hasta que casi 140 años después, en el año 2001, dos estudiantes de 17 años y 18 años amantes de la guerra civil, plantearon una hipótesis que explicaba científicamente lo que había ocurrido en aquella mágica noche. La teoría y posterior demostración les condujo a lograr el segundo puesto en la Siemens Westinghouse Competition y a lograr el primer premio en el prestigioso Intel International Science and Engineering Fair. Todo comenzó cuando Bill Martin y su amigo John Curtis visitaron con su familia el campo de batalla de Shiloh y empezaron a interesarse por la historia del brillo del ángel. Aquel relato les fascinaba y el entusiasmo inicial derivó en una búsqueda frenética de información. Enseguida pidieron consejo a Phyllis Martin, la madre de Bill, que era microbióloga del USDA Agricultural Research Service en Beltsville, Maryland y estaba familiarizada con la existencia de bacterias capaces de brillar en la oscuridad. La científica les instó a que exploraran la vía microbiana y acertó. Los adolescentes descubrieron que existía una bacteria terrestre con capacidad para brillar y producir sustancias antimicrobianas. La candidata era *Photorabdus luminescens*.

Bill y John apostaron por seguir esa pista y descubrieron que los miembros del género *Photorhabdus* son patógenos de insectos y forman una asociación simbiótica mutualista con nematodos pertenecientes al género *Heterorhabditis*. Esta sociedad beneficia a ambos organismos, por una parte las bacterias obtienen transporte y un ambiente adecuado en el que vivir, y por otra los nematodos se benefician de los factores de virulencia que producen las bacterias para matar a los insectos que depredan. En concreto, *Photorabdus luminescens* se asocia con el nematodo *Heterorhabditis bacteriophora* que tiene un ciclo biológico con seis etapas definidas como huevo, cuatro estados juveniles y adulto. El tercer estadio juvenil es particularmente interesante, ya que es en el que es capaz de infectar insectos ya sean larvas o imagos. Esta facultad permite que el nematodo sea utilizado en biocontrol de plagas. Tras infectar al insecto, el nematodo libera a la bacteria que se transforma y empieza a producir dos toxinas, Tc y Mcf, responsables de acabar con la vida del insecto. Después, la bacteria excreta enzimas que degradan las células del insecto, liberando nutrientes que son utilizados por el nematodo para continuar con su desarrollo.

Photorabdus luminescens emite luz azulada gracias a la expresión de genes *lux,* por lo que los insectos muertos e infectados brillan con un tono azul en la oscuridad. El brillo atrae a insectos sanos que se convierten en nuevas víctimas. Lo más curioso es que los dos adolescentes encontraron que tanto el nematodo como la bacteria eran habituales en la zona donde se produjo la batalla de Shiloh. Además, la bacteria produce estilbenos y otras sustancias antimicrobinas que eliminan los posibles microorganismos presentes susceptibles de causar infecciones, y que explicaría la mejoría de algunos heridos. El único problema es que, salvo *Photorabdus asymbiotica* que es patógeno de humanos, el resto de especies de *Photorabdus* no pueden reproducirse por encima de 34 °C, por lo que era improbable que *Photorabdus luminescens* hubiese crecido a la temperatura corporal de los soldados. Sin embargo, 1862 fue un año inusualmente húmedo con frecuentes cambios de temperatura, lo que sugiere una anomalía climática relacionada con el fenómeno de El Niño. Como consecuencia de las lluvias, durante el 6 y 7 de abril de 1862, el nivel del río Tennessee había crecido cientos de pies, empantanado los terrenos en los que yacían los soldados heridos. La noche del 6 de abril fue fría y dura, a lo que se sumó un terreno empapado que provocó situaciones de hipotermia, bajando la temperatura corporal y propiciando el crecimiento de la bacteria, la producción de suficientes antibióticos y la emisión de la milagrosa luz. A pesar de la bajada de temperatura, los insectos no murieron y continuaban acudiendo a visitar aquel atrayente brillo, lo que permitía expandirse al nematodo portador de la bacteria. Recientemente, se ha descubierto que los insectos tienen unos genes denominados *Eglp* que les permiten acumular polioles como el glicerol y el sorbitol en sus tejidos, con lo que consiguen evitar la congelación y la desecación en climas extremos, por lo que la expresión de estos genes han tenido un papel decisivo en el éxito evolutivo de los insectos, y quizás en la supervivencia de algunos de ellos durante la extraordinaria noche del 6 de abril de 1862.

PARA SABER MÁS:

- Gilbert G.K. (1902). John Wesley Powell. *Science* 16 (406): 561-567.
- Kemmerly P. R. (2015). Environment and the Course of Battle: Flooding at Shiloh (6-7 April, 1862). *The Journal of Military History* 79: 1079-1108.
- Neu T. W. (2004). Talent Development in Science: A Unique Tale of One Student's Journey. *The Journal of Secondary Gifted Education* 1: 30-36.
- Finn R. N. (2015). Insect glycerol transporters evolved by functional co-option and gene replacement. *Nature Communications* 6: 7814.

La dama de la lámpara

En el distrito londinense de Westminster, cercana a la concurrida Trafalgar Square y a unas centenas de metros de la regia National Gallery, se esconde la modesta plaza de Waterloo. La plaza queda enmarcada por edificios palaciegos con motivos dóricos que fueron diseñados, planificados y ejecutados por los arquitectos John Nash y Decimus Burton. Sin embargo, el diseño y funcionalidad actual de la plaza, que permite el tránsito constante de vehículos, difumina su contorno, camuflándolo entre el tráfico nervioso, los peatones acelerados y el asfalto desgastado que inunda la ciudad. En medio de la vorágine automovilística, la isla central cobija diversas estatuas y monumentos que honran a los héroes y estadistas del Imperio británico. Uno de esos monumentos conmemora la participación británica en la guerra de Crimea. El conjunto está formado por una pieza central con un pedestal coronado por una figura alegórica y con varias estatuas de soldados en la base. Este grupo está flanqueado por dos estatuas encumbradas sobre pedestales individuales. La estatua de la izquierda representa a Florence Nightingale, mientras que la estatua de la derecha personifica a Sidney Herbert. Ambos tuvieron una implicación notoria en la guerra de Crimea.

Florence Nightingale (1820-1910) fotografiada en 1900. En 1907 se convirtió en la primera mujer en recibir la Orden de Mérito del Reino Unido. Fotografía de archivo del King´s College London.

El conflicto de Crimea transcurrió entre 1853 y 1856 en torno a la base naval de Sebastopol y enfrentó al Imperio ruso contra una coalición formada por Reino Unido, Francia, el Imperio otomano y el reino de Cerdeña. Desde la llegada de las tropas británicas y francesas a Turquía en la primavera de 1845, los brotes epidémicos fueron habituales. Con la incursión aliada en la península de Crimea, comenzó el hacinamiento de las tropas y una peligrosa falta de prácticas higiénicas adecuadas, lo que desembocó en la aparición de numerosas enfermedades que sumieron en la confusión a los soldados durante los siguientes dos años. La disentería, la malaria, la fiebre tifoidea o el cólera eran algunas de las afecciones más comunes. Especialmente prominente fue la epidemia de cólera que afectó a las tropas británicas entre julio de 1854 y febrero de 1855. La historia médica y quirúrgica del ejército británico que sirvió en Turquía y Crimea durante la guerra contra Rusia entre los años 1854 y 1856 recoge numerosos recuentos mensuales de muertes por cólera en 66 regimientos británicos. Tras la batalla de Balaklava, en octubre de 1854, el ejército británico sufrió un colapso virtual de suministros que, unido a las condiciones meteorológicas, a la vestimenta inadecuada, a la escasez de combustible y a una lamentable e insuficiente dieta, agudizó la mortalidad por enfermedad hasta llegar a los 3000 soldados fallecidos al mes. De las 22.000 muertes estimadas que sufrió el ejército británico durante la participación en la guerra de Crimea, aproximadamente 17.500 estuvieron directamente ocasionadas por enfermedades infecciosas.

Desgraciadamente, las muertes de los soldados franceses e ingleses alimentaban el floreciente negocio europeo de la odontología. Algunos ladrones de dientes que actuaban como carroñeros profesionales, eran conocidos por conseguir nuevo material siguiendo al ejército británico. También algunos soldados supervivientes encontraban la oportunidad de conseguir piezas dentales de los difuntos para luego venderlas a los torneros de marfil y joyeros del Reino Unido.

La actividad se había extendido desde la batalla de Waterloo, donde se arrancaron miles de dientes de los soldados fallecidos de ambos bandos. Los dientes humanos tenían una mejor consideración que los de porcelana, por lo que era habitual encontrarlos remachados en una base de marfil de morsa o hipopótamo que era vendida a clientes adinerados y desdentados. La calidad de los dientes provenientes de jóvenes y sanos soldados muertos en combate, tomó tal fama que comenzaron a denominarse «dientes de Waterloo» como una garantía de calidad. Extrañamente, los dientes de Waterloo seguían ofertándose por los dentistas varias décadas después de la derrota del ejército napoleónico, por lo que es muy probable, que muchas de las piezas provinieran de soldados fallecidos en la guerra de Crimea y en la guerra civil estadounidense.

Con independencia de la presencia de extrañas y maléficas hadas de los dientes o de perversos Ratoncitos Pérez que buscaban con avidez las piezas dentales de los difuntos combatientes, en los primeros meses de la campaña, el talante de los soldados se mostraba voluble, ya que por una parte eran conscientes que estaban venciendo a los rusos, pero al mismo tiempo, las enfermedades segaban rápidamente los efectivos del ejército británico. No había medicinas adecuadas y los tratamientos y personal sanitario eran insuficientes. Consciente de la gravedad de la situación, que podía poner en riesgo la victoria aliada, Sidney Herbert que ocupaba el puesto de secretario de guerra para Gran Bretaña, decidió enviar un grupo de enfermeras al cuartel de Scutari en la localidad turca de Üsküdar. Allí se habían establecido tropas de diferentes regimientos de la infantería británica. Herbert necesitaba un líder que formara y dirigiera al grupo de enfermeras y lo encontró en la figura de Florence Nightingale.

Florence nació en Florencia el 12 de mayo de 1820, en el seno de una familia británica aristócrata que la educó en lenguas modernas y antiguas, historia, arte, música y filosofía, basándose en los cánones que establecía la Inglaterra victoriana para las mujeres de clase alta. Sin embargo, Florence desafió las convenciones sociales de la época, escribió sobre el aburrimiento y trivialidad social forzada de las mujeres, y se opuso al ideal de feminidad victoriana basado en la crianza y el sacrificio. Desarrolló un fuerte interés por las matemáticas y por el cuidado de los enfermos, por lo que se esforzó en formarse en ambos campos. En principio, su familia se oponía a que trabajara en un hospital, pero en 1850 inició su formación como enfermera en el Instituto de San Vicente de Paul en Alejandría. Tras un periplo por varios países e instituciones, en 1853 regresó a Londres y en agosto de ese año asumió el cargo de superintendente en el Instituto para el Cuidado de Señoras Enfermas ubicado en Upper Harley Street.

Herbert mantenía amistad con Florence a la que había conocido unos años antes que comenzara su formación sanitaria. El secretario de guerra se mostraba impresionado por los conocimientos y aptitudes que había adquirido Florence, y traqueteado por las duras críticas del periódico *The Times* hacia las instalaciones médicas británicas, propuso a Nightingale que organizara y adiestrara a una expedición de enfermeras que fuesen capaces de mejorar la asistencia sanitaria de los soldados británicos destinados en Crimea.

En noviembre de 1854, Florence Nightingale y un grupo de 38 enfermeras voluntarias arribaron en Scutari. El escenario era desolador. Los suministros médicos eran escasos, la higiene pésima, las infecciones frecuentes y los tratamientos inadecuados. Su experiencia como enfermera en el Hospital de Middlesex durante diferentes brotes epidémicos acaecidos en Londres la habían convencido que provocar el sangrado de los enfermos o atiborrarlos de opiáceos e infusiones arsenicales y mercuriales eran prácticas desafortunadas. A pesar que desconocía el papel infeccioso que podían provocar algunas bacterias y virus, entendió a la perfección el concepto de contagio, y relacionó las enfermedades que mataban a sus pacientes con el aire que respiraban, la inmundicia en la que yacían y la bebida y comida que ingerían. Sus intervenciones se centraron en conseguir un sistema racional que mejorase la higiene general del entorno y la higiene particular de los soldados. Instauró actividades revolucionarias para la época. Las enfermeras lavaban y bañaban a los soldados heridos, lavaban sus sábanas y eliminaban los uniformes ensangrentados para evitar contaminaciones cruzadas entre soldados. Utilizó su patrimonio para establecer una cocina separada de los barracones del hospital, en la que se preparaban alimentos fáciles de digerir como sopas, gelatinas o cereales. A su petición, para poder ventilar los habitáculos, se instalaron nuevas ventanas con capacidad de apertura en las salas donde reposaban los enfermos. Gestionó el procesado y la eliminación de las aguas residuales que contaminaban las salas donde permanecían los pacientes. Acondicionó las instalaciones para evitar el asentamiento de moscas, mosquitos, pulgas y piojos. Combatió la corrupción y demostró que los suministros oficiales eran robados sistemáticamente. Por estas acciones se ganó la profunda admiración de los soldados.

La labor de Florence no pasó desapercibida para los periodistas británicos y en febrero de 1855, en plena magnificencia del conflicto, el periódico *The Times* publicó un artículo en el que describía el trabajo de Florence de este modo: «Sin exageración alguna es un "ángel guardián" en estos hospitales, y mientras su grácil figura se desliza silenciosamente por los corredores, la cara del desdichado se suaviza con gratitud a la vista de ella. Cuando todos los oficiales médicos se han retirado ya y el silencio y la oscuridad descienden sobre tantos postrados dolientes, puede observársela sola, con una pequeña lámpara en su mano, efectuando sus solitarias rondas». Esta narración, unida a un grabado que publicó la revista *The Illustrated London News* en la que se mostraba a Florence Nightingale como una mujer que, sosteniendo una pequeña lámpara, velaba por los enfermos mientras recorría una sala de hospital repleta de soldados heridos, generó una imagen de compasión angelical que con rapidez se instaló entre los británicos. En una guerra que solo había generado crónicas negativas, Florence era la excepción. Inmediatamente se convirtió en una celebridad. La adulación pública era incansable y su imagen aparecía reproducida en carteles, tapetes de encaje y estatuillas de alfarería. En noviembre de 1857, Henry Wadsworth Longfellow la inmortalizó en su poema *Santa Filomena* y se la empezó a conocer como «la dama de la lámpara».

Tras la guerra, Florence regresó a Inglaterra y trabajó en propuestas que harían institucionalizar la enfermería como una profesión, facilitando el empleo de las mujeres en hospitales militares y civiles. En 1859 se publicaron dos de sus obras, *Notas sobre Enfermería: qué es y qué no es* y *Notas sobre Hospitales* que tuvieron una gran repercusión y que son consideradas una introducción clásica a la enfermería y un tratado sobre la correlación entre las técnicas sanitarias y las instalaciones médicas. Su dedicación era incansable. Consiguió recaudar 50.000 libras de fondos públicos que le permitieron fundar en 1860 la Escuela de Formación de Enfermeras Nightingale en el Hospital de St. Thomas. En pocos años la escuela formó a cientos de enfermeras que gozaban de un gran prestigio, y gracias a la emigración de muchas alumnas a diferentes países europeos, americanos y asiáticos, se creó una red de trabajo basado en el «método Nightingale», que internacionalizó las prácticas de Florence y sirvió de modelo a las escuelas de enfermería de nueva creación. Así, la influencia de Florence fue decisiva en la creación de la Cruz Roja británica en 1870.

En 1919 la Escuela Nightingale se fusionó con la Escuela St. John que al principio era conocida como la Asociación de Enfermería de San Juan y Santo Tomás. En 1993, la Escuela de Enfermería Nightingale del Hospital de St. Thomas y St. Guy se combinó con el Colegio Normanby para formar el Instituto Nightingale y en 1998 el Departamento de Estudios de Enfermería del King's College de Londres se fusionó con el Instituto Nightingale, con el consiguiente cambio de nombre a División de Enfermería y Partería Florence Nightingale. En 1999, la División se convirtió en la Escuela de Enfermería y Partería Florence Nightingale. En la actualidad, la Facultad de Enfermería, Partería y Cuidados Paliativos Florence Nightingale del King's College de Londres cuenta con cientos de empleados y miles de estudiantes.

Ilustración de «La dama de la lámpara» publicada en *The Illustrated London News* el 24 de febrero de 1855. La imagen causó un gran impacto en la sociedad británica y convirtió a Florence en una celebridad, de tal forma que, cuando regresó al Reino Unido en 1856, lo hizo bajo el pseudónimo de «Señora Smith», para evitar el acoso de la prensa.

Además de ser reconocida como la fundadora del modelo moderno de enfermería, Florence Nightingale es contemplada como una pionera en la representación gráfica y visual de datos estadísticos. Su trabajo estuvo influenciado por el de Adolphe Quetelet, el principal estadístico de su época. En este sentido, desarrolló lo que hoy día se conoce como «diagrama de área polar», con el que consiguió representar el número de muertes en el ejército británico durante la guerra de Crimea, demostrando que la mayoría de los soldados murieron no de heridas de guerra sino de situaciones prevenibles como eran la fiebre, el cólera, la diarrea, la disentería y el escorbuto. Como consecuencia de sus aportaciones, en 1859 fue elegida como la primera mujer miembro de la Real Sociedad Estadística Británica y posteriormente también formó parte como miembro honorífico de la Asociación Estadística Americana.

Florence Nightingale tuvo un papel fundamental en la educación sobre la importancia de la higiene. Las mejoras higiénicas redujeron en Gran Bretaña la morbilidad y la mortalidad causadas por enfermedades transmisibles y no transmisibles. Siguiendo los preceptos de Florence, recientemente en Inglaterra y Gales se ha realizado la campaña «cleanyourhands». Este programa fue iniciado para combatir la infección prevenible asociada a la asistencia sanitaria mediante la mejora de la higiene de las manos del personal sanitario. Los resultados han concluido reducciones estadísticamente significativas en infecciones por *Clostridium difficile* y estafilococos resistentes a la meticilina (MRSA) lo que repercute positivamente en la salud de los pacientes y en la tasa de ahorro del sistema nacional de salud.

No debemos obviar, que las infecciones intrahospitalarias representan un gran problema hospitalario, y que organizaciones como la OMS o UNICEF recomiendan ejecutar sencillas medidas de prevención y control higiénico de las manos, validando su aplicación como método de referencia universal de la atención al paciente. Aunque en ocasiones encontremos personajes como Óscar el Gruñón, el arisco teleñeco de *Barrio Sésamo,* que ama la basura y es feliz viviendo en un basurero, lo cierto es que este tipo de ambiente aumenta las probabilidades de contraer una enfermedad infecciosa, y muchas veces estas patologías deprimen nuestro estado físico, pero también el emocional, causándonos episodios de desgana, apatía, abulia, hastío o incluso como le pasa a Óscar el Gruñón, de un profundo y vasto mal humor.

PARA SABER MÁS:

- McDonald, Lynn. 2014. Florence Nightingale, statistics and the Crimean War. *Journal of the Royal Statistical Society* 177: 569-586.
- Smallman-Raynor Matthew. 2004. The geographical spread of cholera in the Crimean War: epidemic transmission in the camp systems of the British Army of the East, 1854–55. *Journal of Historical Geography* 30: 32–69.
- Tunstall, Samuel Luke. 2016. Historical perspective-weaving the lives of Florence Nightingale and Florence Nightingale David into the statistics classroom. *Teaching Statistics* 38: 83-86.

¿Quién mató a Mary Ann Nichols?

El viernes 31 de agosto de 1888, el cuerpo de Mary Ann Nichols apareció mutilado al este de Londres, en la barriada marginal de Whitechapel. El suburbio de Whitechapel era el hogar de 90.000 almas precarias que deambulaban por pequeñas calles oscuras y olvidadas. A finales del siglo XIX, había problemas graves de pobreza y hacinamiento que aumentaron con la llegada de inmigrantes irlandeses y judíos de clase baja. El barrio atraía las actividades y profesiones indeseadas que el céntrico Londres victoriano desterraba de sus dominios. Así, Whitechapel se pobló de curtidurías, mataderos, fundiciones, cervecerías cochambrosas y prostíbulos raídos. Entre las fundiciones destacaba la Fundición de Campanas de Whitechapel, que en su historia ha suministrado campanas emblemáticas como el Gran Tom de la catedral de Lincoln, las campanas de la Abadía de Westminster o la Campana de la Libertad que con su toque, en julio de 1776, convocó a los ciudadanos de Filadelfia para proceder a la lectura de la *Declaración de Independencia de los Estados Unidos de América*. Sin embargo, entre los burdeles no destacaba ninguno. Todos mercadeaban y gastaban a las mujeres por igual. Según la policía metropolitana de la época, 62 prostíbulos cobijaban a más de 1200 prostitutas que ejercían su profesión en locales inmundos de Whitechapel. Mary Ann *Polly* Nichols era una de las meretrices veteranas.

El cadáver de Mary Ann fue descubierto por Charles Allen Lechmere, también conocido como Charles Cross, un carretero de la compañía Pickfords. En un principio, el señor Cross fue catalogado como sospechoso del crimen. Sin embargo, la falta de pruebas incriminatorias relevantes motivaron que los recelos hacia Charles Cross se diluyeran como un azucarillo en agua tibia.

Al asesinato de Polly Nichols le sucedieron los de otras cuatro mujeres. Annie Chapman el 8 de septiembre, Catherine Eddowes y Elizabeth Stride el 30 de septiembre y Mary Jane Kelly el 9 de noviembre. Todas las víctimas trabajaban como prostitutas en Whitechapel y fueron asesinadas de manera extraordinariamente violenta con mutilaciones en garganta, abdomen y genitales, lo que provocó una sensación de pánico profundo en la zona. Los cinco crímenes fueron atribuidos a un mismo individuo, un asesino en serie desconocido que recibió el nombre de Jack el Destripador.

Algunos expertos relacionan varios asesinatos de prostitutas en Whitechapel, ocurridos con anterioridad al 31 de agosto y con posterioridad al 9 de noviembre, con el *modus operandi* de Jack el Destripador, por lo que el número de víctimas del asesino podrían superar la decena.

La identidad del asesino era un misterio aunque existía una amplia lista de potenciales candidatos que podrían haber sido Jack el Destripador. Entre los principales sospechosos de Scotland Yard se encontraban Aaron Kośmiński y Francis Tumblety. El primero era un judío polaco residente en Whitechapel y el segundo un pseudomédico estadounidense. Sin embargo, la nómina de sospechosos era de lo más variopinto e incluía a personajes circenses como Joseph Carey Merrick o a aristócratas como el príncipe Alberto Víctor, duque de Clarence y Avondale.

Joseph Merrick fue un trabajador de Leicester conocido por el sobrenombre de «el hombre elefante». Merrick padeció el síndrome de Proteus. La enfermedad origina un crecimiento anormal de la piel, huesos, músculos, tejido adiposo y vasos sanguíneos y linfáticos, lo que confiere al afectado un aspecto grotesco. Las deformaciones y apariencia que presentaba Merrick le condenaron a trabajar como atracción de circo. En la actualidad, el síndrome de Proteus se relaciona con una mutación en el gen AKT1, situado en el brazo largo del cromosoma 14. Se ha intentado confirmar el diagnóstico de Merrick a través de la secuenciación de su genoma, partiendo de muestras biológicas que aún se conservan. Desgraciadamente, aunque los huesos de Merrick se guardan en el Museo de Patología del Royal London Hospital, las técnicas de conservación victorianas que incluían blanqueamiento y hervido de los huesos, han degradado las muestras de ADN que pudieran contener. Las muestras histológicas de la piel de Merrick fueron destruidas en la Segunda Guerra Mundial. Una bomba golpeó el laboratorio de patología que las custodiaba por lo que la obtención de secuencias completas de ADN parece improbable. La productora Brooksfilms se interesó por la biografía de Joseph Merrick, y su historia fue llevada al cine por David Lynch en 1980 en la oscarizada película *El hombre elefante*, erigiéndose desde entonces como una película de culto.

Especial relevancia tuvieron en la época las suposiciones de que Jack el Destripador era en realidad el príncipe Alberto Víctor. En 1970 el cirujano británico Thomas Stowell apuntaló esta posibilidad en un artículo publicado en la revista *The Criminologist*. La publicación no menciona de forma deliberada el nombre del príncipe, pero relaciona a Jack el Destripador con la figura de un joven aristócrata que había contraído sífilis durante un viaje a las Antillas. Alberto Víctor, el hijo de Eduardo VII y nieto de la reina Victoria I, tras una travesía ultramar, contrajo sífilis en 1888 a la edad de 22 años. A finales de ese mismo año acontecieron los crímenes de Whitechapel. Algunas hipótesis sugieren que la sífilis provocó en el príncipe un severo trastorno mental y un desmesurado anhelo de venganza hacia el gremio de las prostitutas.

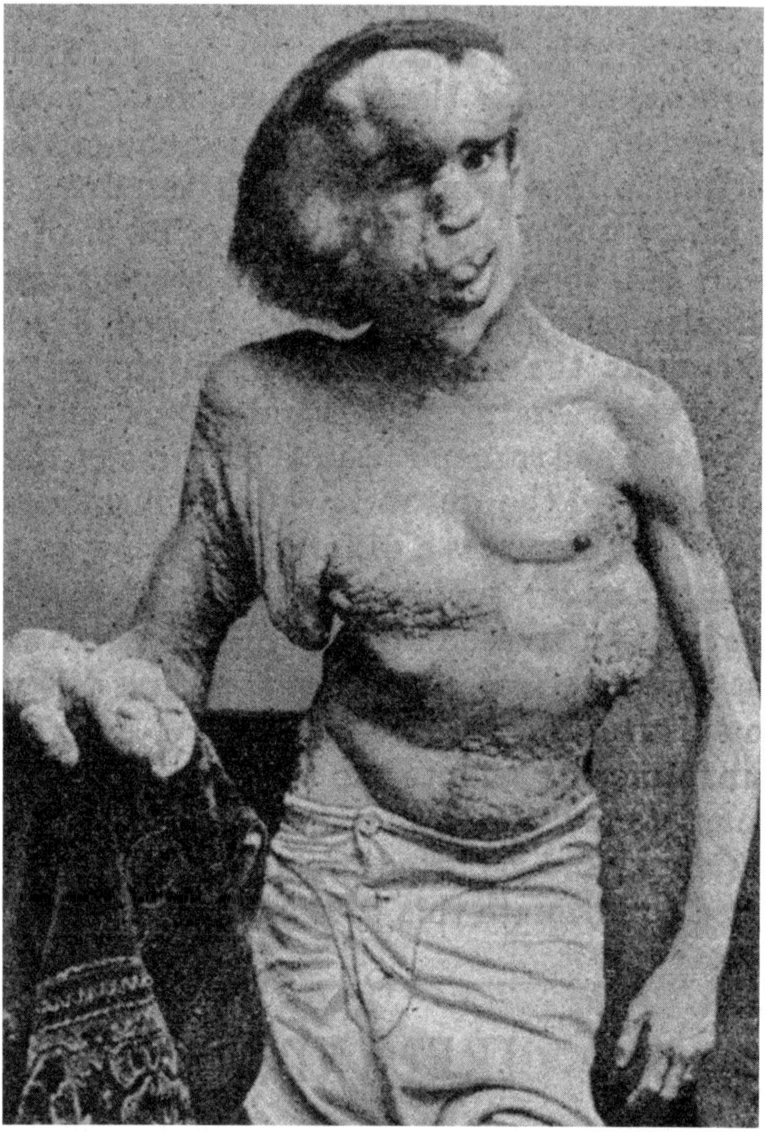

Fotografía de Joseph Carey Merrick (1862-1890) tomada en 1889 y publicada en abril de 1890 en el número 1529 del *British Medical Journal,* con el anuncio de «la muerte del Hombre Elefante». El cuerpo sin vida de Merrick fue encontrado sobre su cama en la mañana del 11 de abril de 1890. El doctor Frederick Treves concluyó que murió por la asfixia provocada por las deformaciones de la cabeza que comprimieron la tráquea al quedarse dormido. Otras teorías apuntan a que el desproporcionado peso de su cabeza, provocó una lesión mortal en el cuello.

La sífilis es una infección transmitida principalmente por contacto sexual y causada por la bacteria *Treponema pallidum.* La enfermedad cursa en tres etapas y en los estadios iniciales se manifiesta con la formación de llagas circulares denominadas chancros, pero puede derivar en patologías muy severas como la neurosífilis que afecta principalmente al cerebro. La sífilis era conocida como «mal francés» o «picazón napolitana», hasta que en 1530 el médico italiano Francastoro publicó la obra *Syphilis sive morbus Gallicus* en la que describe la enfermedad y la vincula al nombre de sífilis. Desde el siglo XV a finales del siglo XIX la sífilis afectó a millones de europeos y el tratamiento dependía básicamente de compuestos que contenían mercurio.

La aplicación tópica de mercurio, recomendada por el alquimista Paracelso desde el siglo XV, fue el mejor tratamiento contra la sífilis durante siglos. Así, el denominado «ungüento napolitano», un preparado a base de mercurio y manteca de cerdo, fue uno de los primeros tratamientos aplicados para combatir las epidemias de sífilis en la Europa del siglo XVI. Posteriormente, en el siglo XVIII, con base al uso del mercurio para combatir esta enfermedad de transmisión sexual, se popularizó la frase «una noche con Venus y una vida con Mercurio». Sin embargo, el mercurio es muy tóxico y provoca graves daños físicos, incluidos desórdenes nerviosos.

La toxicidad del mercurio es recogida por el novelista británico Lewis Carroll en su obra *Las aventuras de Alicia en el país de las maravillas,* donde el personaje de El Sombrerero muestra síntomas de intoxicación por mercurio. En la novela, Carroll describe al personaje como alguien perturbado y tendente a la locura y la enajenación. La fabricación de sombreros era una de las principales actividades de Stockport, una localidad cercana a donde creció Lewis Carroll, por lo que estaba familiarizado con la profesión. En realidad, el escritor ilustra una afección que aquejaba al gremio de los sombrereros de su época, los cuales solían mostrar desórdenes nerviosos o una actitud confundida. Esta sintomatología se ha relacionado con el envenenamiento por mercurio, debido al uso constante de compuestos de mercurio en el procesado del pelo y pieles animales para fabricar sombreros de fieltro. En 1996, el autor Richard Wallace, postuló la dudosa teoría de que Lewis Carroll era uno de los responsables de los asesinatos de Jack el Destripador.

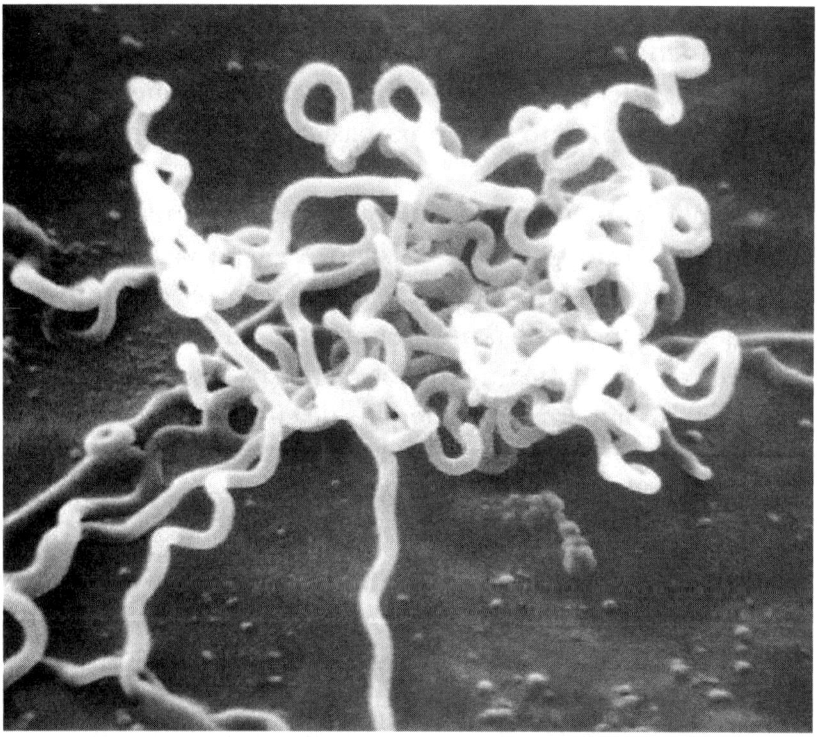

Microfotografía electrónica de la bacteria *Treponema pallidum* en la que se observa su típica morfología espiral. El tratamiento con penicilina es efectivo para eliminar a la bacteria. (Centers for Disease Control and Prevention's Public Health Image Library, Atlanta, USA).

En realidad, es muy probable, que si el príncipe Alberto Víctor sufrió sífilis, fuera tratado con mercurio, lo que pudo ocasionarle diversos trastornos. No obstante, el príncipe no murió como consecuencia de la sífilis, aunque sí lo hizo por efecto directo de otro microorganismo, en concreto de un virus. Durante la gran pandemia de gripe rusa iniciada en San Petersburgo el 1 de diciembre de 1889 y prolongada en el tiempo con varias recurrencias hasta finales de 1893 y principios de 1894, millones de personas se contagiaron con un influenzavirus A y más de un millón de ellas murieron como consecuencia de la infección. El príncipe fue uno de los afectados. Alberto Víctor se infectó, desarrolló una neumonía y murió en Sandringham House, una casa de campo perteneciente a la familia real británica y ubicada en la localidad inglesa de Norfolk. Era el 14 de enero de 1892 y acababa de cumplir 28 años.

Nunca quedó claro si el príncipe había participado directa o indirectamente en los asesinatos. Lo cierto es que los asesinatos de Jack el Destripador coincidieron con el lanzamiento teatral en Londres de *El extraño caso del doctor Jekyll y el señor Hyde,* en la que el personaje de Edward Hyde es un criminal maléfico capaz de realizar cualquier atrocidad, y con el debut editorial del célebre detective inglés Sherlock Holmes, en la novela *Estudio en escarlata* de Arthur Conan Doyle. La concurrencia de estos sucesos en el mismo año y la posible participación del aristócrata en los crímenes, dotaron a Londres de un espeso sabor a misterio, pesadumbre y desasosiego.

El impulso que Doyle dio a la novela negra es evidente. El personaje de Sherlock Holmes aparece por primera vez en noviembre de 1887 en la revista *Beeton's Christmas Annual* y destaca por su inteligencia, dotes de observación y por su gran capacidad de razonamiento deductivo, lo que le permite resolver casos policiales complicados. Antes de ser escritor, Doyle había estudiado medicina en Edimburgo donde conoció al profesor Joseph Bell. El Dr. Bell era metódico e inteligente, con enormes aptitudes para la observación y la deducción, lo que le confería una personalidad analítica. El método analítico que Bell mostraba en sus clases, junto con el resto de competencias que aglomeraba, fascinaron a Doyle. Años más tarde, el escritor se inspiró en la figura de Joseph Bell para crear a Sherlock Holmes. Gracias a sus habilidades, el profesor Joseph Bell colaboró en varias ocasiones con Scotland Yard, incluido el caso de Jack el Destripador, donde infirió que el asesino era el abogado Montague Druitt, aunque no pudo aportar pruebas concluyentes. Hoy día, Joseph Bell es considerado uno de los precursores de la medicina forense.

Príncipe Alberto Víctor, duque de Clarence y Avondale en 1891 (1864-1892). Su sexualidad fue objeto de debate, y en 1889 se le vinculó con el «escándalo de la calle Cleveland», cuando la policía descubrió un burdel homosexual en el barrio Fitzrovia de Londres, y algunas fuentes declararon que el príncipe era uno de los clientes asiduos. En aquella época, las relaciones sexuales entre hombres eran ilegales en Gran Bretaña, por lo que el suceso tuvo una gran repercusión.

Curiosamente, Conan Doyle obtuvo el doctorado en Medicina por la Universidad de Edimburgo con un ensayo sobre la Tabes dorsal. Esta enfermedad es una degeneración de las neuronas sensoriales producida por desmielinización y originada en la mayor parte de los casos por una infección por *Treponema pallidum,* el agente causal de la sífilis. Aprovechando sus conocimientos médicos, en 1894 escribió una historia corta titulada *La Tercera Generación,* en la que ilustra como la sífilis congénita podía transmitirse de generación en generación.

En el tiempo en el que ocurrieron los asesinatos de Jack el Destripador, la sífilis había conquistado Europa, cobijándose en lupanares y ambientes nocturnos libertinos y afectando a todos los estratos de la sociedad. En aquellos años, algunos artistas ilustres como Manet, Gauguin o Toulouse-Lautrec también contrajeron la sífilis.

Sin duda, uno de los pintores más notables y prolíficos de finales del siglo XIX fue Toulouse-Lautrec. Henri de Toulouse-Lautrec era cliente asiduo de cabarets parisinos como el Mirliton o el Moulin Rouge, y destacó por su habilidad pictórica y cartelista inconmensurable para captar la vida nocturna de París. Uno de sus mejores amigos fue el médico Henri Bourges. Bourges compartió vivienda durante años con Toulouse-Lautrec y destacó por escribir artículos y obras sobre la sífilis, entre las que sobresale *L'hygiene du syphilitique.* Además de la sífilis, Toulouse-Lautrec padeció picnodisostosis, una enfermedad rara ocasionada por una mutación en un gen que codifica la enzima catepsina K, lo que provoca fragilidad de huesos o malformaciones dentales y craneales entre otras patologías. Dada la notoriedad del personaje que la padeció, esta enfermedad también recibe el nombre de síndrome de Toulouse-Lautrec.

La perjudicada salud del pintor se deterioró aún más por su desmesurada afición a la absenta, una bebida alcohólica de sabor anisado apodada la «fée verte» («el hada verde») y muy popular en la *Belle Époque,* ya que supuestamente facilitaba la inspiración artística. Entre las relaciones de amor-odio que mantuvo con diversos personajes de la época, despunta la que sostuvo con Vincent van Gogh. En 1887, durante la época de profunda amistad entre los dos artistas, Toulouse-Lautrec realizó un magnífico retrato de van Gogh ambientado posiblemente en el Café du Tambourin donde ambos expusieron de manera conjunta. Un año más tarde, en 1888 ocurren los crímenes de Jack el Destripador y Vincent van Gogh pinta una parte importante de su legado como son *Los descargadores en Arlés, El café de noche, La casa amarilla, Terraza de café por la noche, La avenida de los Alyscamps, Noche estrellada sobre el Ródano* o *Jarro con doce girasoles.* En todas estas obras existe un claro predominio del color amarillo. En algunas de ellas, como la serie de los girasoles, van Gogh empleó cromato de plomo para conseguir el tono amarillo que precisaban las flores. Paradójicamente, la enigmática y atractiva tonalidad que presentan estos cuadros en la actualidad, se debe a la descomposición del cromato de plomo por efecto de la exposición a la luz, lo que provoca que el tono amarillo brillante original se convierta en una tonalidad amarilla-parduzca indefinida. La incuestionable predilección del pintor por el color amarillo ha sido relacionada con una intoxicación con digital. La digital es una planta que ha sido utilizada en medicina para tratar diversas patologías. Los pacientes que consumían un exceso de digital desarrollaban xantopsia. Esta patología es una alteración en la percepción de los colores en la que los afectados tienden a ver los objetos con un tono amarillento. A finales del siglo XIX, la digital era una planta utilizada para tratar crisis maníaco-depresivas, ya que se le atribuían propiedades sedantes y antiepilépticas. Por tanto, es muy probable que el Dr. Gachet, médico personal de van Gogh, le suministrara digital con el fin de asistir las crisis que sufría el pintor. De hecho, en el retrato que van Gogh pinta del Dr. Gachet, aparece un ramo de digital sobre la mesa. El color amarillo vuelve a ser significativo en *La noche estrellada* que el artista pinta en 1889. Tanto en esta obra como en *Camino con ciprés y estrella* y en *Campo de trigo con cuervos*, el pintor plasma la teoría de la turbulencia de los fluidos que el matemático ruso Andréi Nikoláyevich Kolmogórov describió en 1941.

En la actualidad, la autoría de los crímenes de Jack el destripador y la capacidad de Vincent van Gogh para reproducir una teoría que se desarrolló 40 años después de pintar sus obras siguen constituyendo un misterio difícil de desentrañar. Quizás la ciencia aporte una respuesta en el futuro.

PARA SABER MÁS:

- Huntley C. (2015). Clinical and historical aspects of the Elephant Man: Exploring the facts and the myths. *Gene* 555: 63-65.
- NoticeBoard. (1992). Jack the Ripper unveiled?. *The Lancet* 340: 722.
- Silverstein AM. (2006). Dr. Arthur Conan Doyle and the case of congenital syphilis. *Perspectives in Biology and Medicine* 49 (2): 209-219.

La maldición de Tutankamón

El color «marrón momia» o «mummy brown» presenta una tonalidad variable dependiente del porcentaje de sus componentes, que actualmente consiste en una combinación de caolín, cuarzo, goethita y oligisto o hematite. Sin embargo, el pigmento se originó en el siglo XVI e inicialmente se obtenía mezclando restos de momias egipcias, mirra y resinas de trementina. Parece sorprendente, pero el rico tinte bituminoso tenía como ingrediente principal el polvo de momia, que consistía en harina de hueso y betún de embalsamar proveniente de los difuntos. En contra de lo que podríamos pensar, el producto tuvo un gran éxito y era muy apreciado por diferentes artistas, entre ellos un grupo de pintores ingleses que, en 1848 fundó en Londres la Hermandad Prerrafaelita. Esta sociedad fomentó una pintura luminosa y colorida, lo que influyó en la pintura inglesa hasta el siglo XX.

Desde el siglo XVI y a pesar de las restricciones legales, durante los siguientes cuatro siglos, la exportación legal o ilegal de momias egipcias resultó un negocio floreciente. Esta situación propició el saqueo de tumbas y la destrucción de material de gran valor documental, ya que muchas momias, antes de ser enviadas a Europa desde El Cairo y Alejandría, se fragmentaban en múltiples porciones para rentabilizar las transacciones.

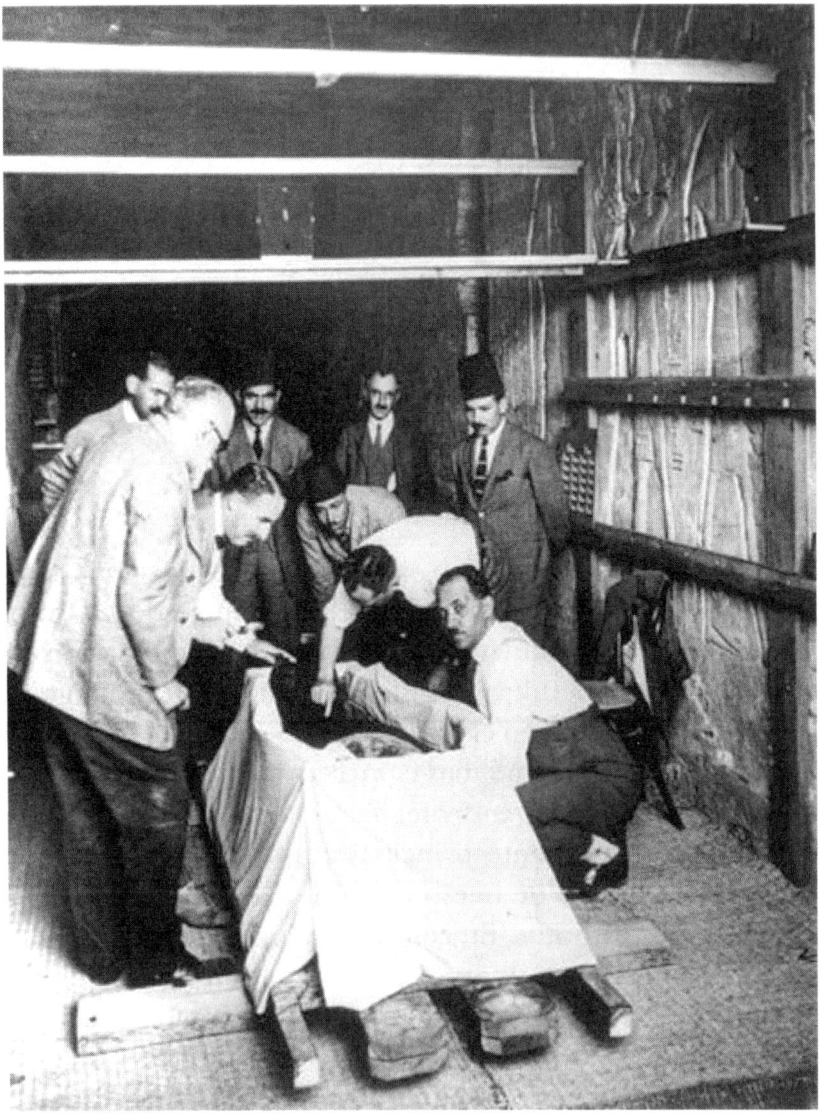

Howard Carter (1873-1939) en febrero de 1926 rodeado de parte del equipo que estudió la momia de Tutankamón. El arqueólogo, a la izquierda de la imagen, sostiene una lupa en su mano derecha con la que pretende analizar los restos del faraón, después de realizar una incisión en las envolturas de la momia. (Library of Congress, Washington, D. C., USA).

Gran parte de las momias que se comercializaban, estaban destinadas a fabricar *mumia vera*, un medicamento al que se le atribuían cualidades omnipotentes para un amplio rango de enfermedades, y que durante siglos fue ampliamente utilizado en la medicina árabe y europea. La creciente demanda y el valor comercial de las momias egipcias reales, junto con la oferta cada vez más restringida, exteriorizó una alarmante preocupación de los mercaderes, y resultó en un incentivo para el fraude y la falsificación. Pronto, el catálogo se amplió con una enorme variedad de falsos sustitutos, que incluían cadáveres secos de esclavos llenos de asfalto, cadáveres secos de peregrinos a La Meca o de viajeros que perecieron en el desierto de Libia, e incluso de momias europeas, especialmente francesas. Estas últimas fueron particularmente abundantes y en general eran elaboradas con cadáveres de ajusticiados, por lo que se las empezó a conocer como *mumia patibuli*. De hecho, en 1582, Ambroise Paré, considerado el padre de la cirugía moderna, escribió:

> La escasez de momia movía a algunos de nuestros boticarios franceses, hombres maravillosamente audaces y codiciosos, a robar de noche los cuerpos de los que estaban colgados y embalsamarlos con sal y drogados los secaban en un horno, para así venderlos como momias adulteradas.

En la mayoría de las ocasiones las falsificaciones eran burdas, ya que no existían protocolos que proporcionaran una descripción completa de los materiales y procesos utilizados por los egipcios en la momificación. Tan solo los griegos, Herodoto en siglo V a. C. y Diodoro de Sicilia en el siglo I a. C., habían listado, con relativo detalle, los materiales usados a lo largo del tiempo en el proceso de momificación. Entre estos materiales se incluían principalmente la mirra, el aceite de cedro, especias aromáticas, natrón o betún proveniente del mar Muerto. Este último, fue un ingrediente clave para producir el color «marrón momia». Lo cierto, es que el betún o asfalto del mar Muerto se convirtió en un elemento esencial de las prácticas de embalsamamiento en Egipto. El betún actuaba como un escudo protector externo del cuerpo, evitando el ingreso hacia el interior de insectos, hongos, bacterias o humedad, y por otra parte, tenía una potente acción biocida, lo que impedía que la carne se pudriera por efecto de los microorganismos. Además, en el año 2005 Connan propuso que el asfalto del mar Muerto era empleado para ennegrecer las momias, aportándoles un color asociado con Osiris, el dios egipcio de la muerte, símbolo de la fertilidad y la regeneración.

Aunque nos parezca insólito, en 1924, año en el que se celebraron los Juegos Olímpicos en París y se desarrolló la vacuna Calmette-Guérin contra la tuberculosis, la compañía farmacéutica E. Merck, de Darmstadt (Alemania), todavía ofrecía, a un precio desorbitado, *Mumia vera Aegyptica* en su catálogo.

Algunas de las momias más famosas de la historia han sido encontradas en las tumbas construidas en el Valle de los Reyes. Este valle es una necrópolis del Antiguo Egipto situado en las cercanías de Luxor y declarado Patrimonio de la Humanidad por la Unesco en 1979. Su ubicación, remota y seca, ha contribuido a la preservación de los antiguos restos humanos momificados. En realidad, el valle se divide en dos valles en los que se localizan las aproximadamente 62 tumbas descubiertas hasta la fecha. Las tumbas localizadas en el valle este son distinguidas con la clave KV (King´s Valley), mientras que las emplazadas en el valle oeste u occidental, y también conocido por los nativos como Uadi el-Gurud que significa Valle de los Monos, son designadas con las siglas WV (West Valley). La tumba más grande del valle es la KV5, que fue construida para los hijos de Ramsés II, y que puede tener hasta 150 cámaras subterráneas, lo que la convierte en la tumba colectiva más grande del mundo. Al sudoeste del Valle de los Reyes, se encuentra el Valle de las Reinas. En este valle fueron enterrados príncipes y reinas emblemáticas como la gran Nefertari, segunda esposa real de Ramsés II, y cuya tumba (QV66) fue descubierta por Ernesto Schiaparelli en 1904.

Hacia 1912, Theodore Montgomery Davis, que explotaba el yacimiento del Valle de los Reyes, ante la falta de hallazgos importantes recientes, declaró que el valle estaba exhausto y agotado y abandonó la concesión. La excavación pasó a manos del aristócrata inglés George Edward Stanhope Molyneux Herbert, V conde de Carnarvon. Lord Carnarvon era un gran entusiasta de la egiptología, y contrató al arqueólogo y egiptólogo inglés Howard Carter para continuar con las excavaciones en el Valle de los Reyes.

En 1922 los esfuerzos y perseverancia de Carnarvon y Carter fructificaron con el hallazgo de la icónica tumba KV62, correspondiente al faraón Tutankamón. Años más tarde, Harry Burton que había conducido las excavaciones entre 1912 y 1914, declaró que cuando Theodore Montgomery Davis abandonó su última excavación en el valle, estaba a solo dos metros de descubrir la entrada a la tumba KV62.

El 26 de noviembre de 1922 se abrió la tumba de Tutankamón en presencia de Howard Carter y varios miembros de la familia de lord Carnarvon. Pocos meses después de la apertura de la cámara real se sucedieron una serie de muertes en circunstancias inexplicables de personas vinculadas a la exhumación de la tumba. Estos acontecimientos avivaron la imaginación de la prensa, que transmitió la idea de que las extrañas muertes eran consecuencia de la profanación de la tumba de Tutankamón. La inflamable creencia de que las muertes eran debidas a un poder mágico inexplicable, prendió con facilidad y se extendió rápido en la sociedad. La propagación fue alentada por ilustres personajes públicos como *sir* Arthur Conan Doyle que, a pesar de ser el creador del racional detective Sherlock Holmes, era un fervoroso creyente de toda clase de sucesos fantasmagóricos. Su apoyo dio credibilidad y difusión popular a la historia. Al poco, gracias a los vigorosos esfuerzos parturientos de literatos y periodistas, la «maldición del faraón» o «maldición de Tutankamón» había nacido.

Los periódicos ingleses llegaron a atribuir hasta treinta muertes a la maldición del faraón, siendo la más notoria la de lord Carnarvon, que cuatro meses después de abrir la tumba, el 5 de abril de 1923, murió de neumonía en el hotel Continental Savoy de El Cairo. Con la muerte de Carnarvon continuaron los fallecimientos en extrañas circunstancias. Algunas de las muertes que le sucedieron fueron la de su hermano Aubrey Herbert en septiembre de 1923, y la de *sir* Archibald Douglas Reid, que había sido el encargado de radiografiar la momia de Tutankamón. Arthur Mace, que abrió la cámara real junto a Howard Carter, murió poco después en El Cairo, en circunstancias no aclaradas. El magnate norteamericano de los ferrocarriles George Jay Gould, que estuvo presente en la tumba, falleció por una neumonía al igual que Carnarvon. El secretario de Carter, el capitán Richard Bethell, murió de forma extraña en 1929. El padre y la mujer de Bethell se suicidaron. Alb Lythgoe del Museo Metropolitano de Nueva York murió víctima de un infarto. El egiptólogo George Benedite falleció de una caída en el Valle de los Reyes. Los directores del Departamento de Antigüedades del Museo de El Cairo, que habían intervenido en la exhibición de los restos de Tutankamón en París y Londres, murieron de sendas hemorragias cerebrales. A pesar de todo, Howard Carter siempre rechazó la teoría de la maldición, y a todo aquel que se lo insinuaba le replicaba: «Todo espíritu de comprensión inteligente se halla ausente de esas estúpidas ideas».

Según Carter, junto a él, había registrado la presencia de al menos 50 personas que habían presenciado la apertura de la tumba, la apertura del sarcófago, o incluso el descubrimiento de la cámara. Entre los presentes se encontraban familiares de Carnarvon, miembros del equipo de excavación del Museo Metropolitano de Arte, prensa, realeza, funcionarios y dignatarios británicos y expertos contratados por el Gobierno egipcio. De todos ellos, tan solo unos pocos habían muerto una década más tarde del descubrimiento de la tumba, lo que para Carter desdeñaba la posibilidad de que existiera una fatídica maldición, o al menos la consíderaba poco efectiva. De hecho, Carter murió de muerte natural a los 64 años de edad, 17 años después de la apertura de la cámara de Tutankamon.

En teoría, la presunta maldición de Tutankamón comenzó con la muerte de lord Carnarvon. La explicación más aceptada es que Carnarvon murió de una septicemia bacteriana derivada de una erisipela. La erisipela es una enfermedad infecciosa aguda de la piel, producida por estreptococos, fundamentalmente *Streptococcus pyogenes*. Según parece, la infección se originó y extendió al cortarse, mientras se afeitaba, una picadura de mosquito que había sufrido pocos días antes en la mejilla.

No obstante, la conjetura no es aceptada totalmente, y algunos autores han atribuido su fallecimiento a una infección microbiana causada por hongos patógenos como *Aspergillus niger*, *Aspergillus terreus* o *Aspergillus flavus*. Estos hongos son capaces de formar esporas de resistencia que pueden permanecer viables durante siglos. Según algunas teorías, las esporas se encontraban en el interior de la tumba y con la apertura de la cámara y posterior entrada de Carnarvon en el lugar, fueron inhaladas por el aristócrata, penetrando en sus vías respiratorias y provocando una aspergilosis pulmonar de tipo invasivo. Esta enfermedad es una infección grave, que hoy en día sigue siendo una causa importante de morbilidad y mortalidad en pacientes inmunodeficientes severos. En Carnarvon, la situación podría haber desembocado en una neumonía, como consecuencia del sistema inmunitario debilitado que arrastraba desde que sufrió un grave accidente de coche unos años antes, y que repercutía en el padecimiento de infecciones pulmonares recurrentes.

En 1994, Ann Cox argumentó en contra de la teoría de la aspergilosis, desestimando cualquier vínculo entre la entrada de Carnarvon en la tumba y su muerte prematura. Sin embargo, estudios recientes realizados en 2010, 2011, 2015 y 2016, han encontrado, de forma ordinaria, diferentes especies del hongo *Aspergillus* viviendo de forma saprofítica sobre momias del Museo Arqueológico de Zagreb, sobre reliquias momificadas de San Marcian que se encuentran conservadas en Croacia, sobre restos humanos momificados de la familia Kuffner en una cripta de Sládkovicovo en Eslovaquia, e incluso sobre momias Chinchorro recuperadas del desierto de Atacama en Chile, y que son consideradas las momias artificiales más antiguas jamás encontradas. En realidad, *Aspergillus* y otros hongos acompañantes como especies de *Penicillium* suponen un alto riesgo para la preservación de la colección de momias ya que intervienen directamente en la biodegradación de los restos. Por tanto, la presencia constatada y generalizada de diversas especies de *Aspergillus* sobre diferentes tipos de momias presupone factible que tanto la cámara real como la momia de Tutankamón portaran esporas de este hongo, pudiendo infectar a los visitantes y manifestando una especial virulecia en los asistentes inmunocomprometidos como lord Carnarvon. Las esporas de *Aspergillus* pueden permanecer latentes durante largos períodos en los pulmones de personas con el sistema inmunológico debilitado, por lo que es concebible que lord Carnarvon no presentara síntomas de infección durante los 5 meses posteriores a su primera entrada en la tumba. Además, el 17 de marzo de 1923, el periódico *The Times*, informó que Carnarvon sufría de una dolorosa inflamación que afectaba a los ojos y a las fosas nasales, lo que concuerda con un proceso de sinusitis invasiva por *Aspergillus* con extensión a la órbita ocular, y aunque parece improbable que esta sintomatología derive en la neumonía que fue apuntada como la causa oficial de la muerte, lo cierto es que no es imposible.

A pesar que esta rocambolesca historia de la maldición del faraón pueda parecer singular, la tumba de Tutankamón parece no ser la única maldita. El 13 de abril de 1973, con el consentimiento del cardenal Wojtyla, arzobispo de Cracovia y que posteriormente se convertiría en el papa Juan Pablo II, se abrió la tumba de Casimiro IV, gran duque de Lituania y rey de Polonia durante el siglo XV. De los 12 científicos presentes en la apertura, diez murieron al poco tiempo. Todo indicaba que una nueva maldición había sido desencadenada. Años después se demostró la presencia de hongos del tipo *Aspergillus* sobre objetos reales que permanecían en la tumba. De los doce investigadores, tan solo sobrevivieron el doctor Edward Roszyckim y el microbiólogo Boleslaw Smyk que sufrió problemas de salud en los años posteriores.

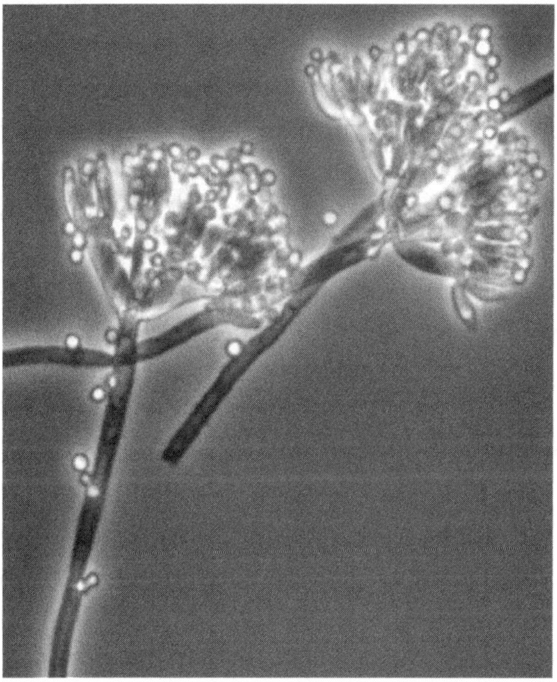

Observación microscópica de una cepa del género *Aspergillus.* El hongo fue descrito por primera vez por el botánico italiano Pier Antonio Micheli en 1729, quien al comprobar que la cabeza conidial del hongo era semejante a un *Aspergillum* (instrumento litúrgico utilizado para rociar agua bendita) decidió nombrarlo como *Aspergillus.*

En la década de los años 70, el propio Smyk inició unas investigaciones en las que relacionaba la presencia de micotoxinas de hongos, particularmente de *Aspergillus flavus,* en las casas de enfermos de leucemia, lo que podía relacionarse con la aparición de la enfermedad en los pacientes. Estos hongos pueden ser relativamente abundantes en espacios cerrados, oscuros y con una temperatura moderada y estable como eran las tumbas de Tutankamón o de Casimiro IV, pero también pueden aparecer con asiduidad en otros lugares más cotidianos, como las bodegas antiguas poco frecuentadas, por lo que no es de extrañar que trabajadores y visitantes a estos espacios, sufran infecciones del tracto respiratorio superior, letargo, dolores de cabeza constantes, náuseas y un malestar general.

La historia de la maldición de Tutankamón, ha inspirado a los científicos para formular la hipótesis de la maldición del faraón. Esta hipótesis, basada en los acontecimientos que sufrió lord Carnarvon, sugiere la idea que los parásitos y agentes infecciosos con fases viables más duraderas, incrementan su virulencia con el tiempo y como consecuencia, aumentan el riesgo de infecciones múltiples y por tanto la probabilidad de matar al individuo afectado.

Desde que en 1881, el traslado de las momias reales egipcias al Museo Egipcio de El Cairo atrajese el interés internacional, la investigación científica sobre las momias ha aumentado de forma extraordinaria, incluso la relacionada con la momificación animal. En la Universidad de Manchester, donde Rosalie David presentó en 1979 el Manchester Mummy Project, se fundó en el año 2010 un biobanco animal del Antiguo Egipto. En el Antiguo Egipto, la momificación no estaba limitada a los humanos. Las momias animales en Egipto eran realizadas por cuatro motivos principales, por un lado las mascotas se momificaban para acompañar a sus dueños en la otra vida, en ocasiones los animales se momificaban porque se habían convertido en ídolos que eran adorados como manifestaciones físicas de los dioses, otras veces los animales momificados servían como alimento en la otra vida y por último, muchos animales momificados fueron utilizados como ofrendas votivas dedicadas a actos rituales. En realidad, la momificación animal de halcones en honor a Horus o de cocodrilos en honor a Sobek era practicada con asiduidad en la antigua cultura egipcia. Sin embargo, eran especialmente relevantes los casos de momificación de gatos. Estos animales eran reverenciados en Egipto, lo que se manifestaba en su ubicuidad en el arte de las tumbas y como representación de Bastet, la diosa de la belleza.

Millones de momias de gatos fueron ofrecidas como ofrenda votiva a Bastet y enterradas en áreas sagradas por todo Egipto. En 1888 un agricultor egipcio descubrió 300.000 momias de gatos en una necrópolis del templo de Istabl Antar, en la localidad de Beni Hassan. Los niños de la aldea vendían los mejores especímenes a los turistas. Los especuladores, con la intención de ganar una ingente cantidad de dinero, embarcaron 18 toneladas de momias gatunas rumbo a Liverpool para su comercialización. Desgraciadamente, el polvo de momia y las momias animales ya no tenían demanda, por lo que las momias terminaron siendo pulverizadas y vendidas como fertilizante a los agricultores ingleses. La compañía que las compró pagó 18,43 dólares por cada tonelada de momia de gato. De este lamentable suceso tan solo sobrevivió el cráneo de una de las momias, que posteriormente fue depositado en el Museo Británico.

Aunque algunos autores apuntan que los gatos podrían haber sido domesticados por los egipcios a partir de animales silvestres, se han hallado en Chipre restos arqueológicos datados hace 9500 años de gatos salvajes enterrados con seres humanos, lo que implica que los gatos habrían sido domesticados con anterioridad.

Desde un punto de vista científico, las momias constituyen un reservorio único de información. La mayoría de las momias conocidas son cuerpos momificados artificialmente por diferentes civilizaciones. Las más conocidas son las egipcias pero entre las mejor conservadas se encuentran algunas momias chinas como «la Dama de Dai» o «Lady Dai», una momia de la dinastía Han encontrada en el yacimiento arqueológico de Mawangdui en la provincia de Hunan.

A parte de las momias artificiales o preparadas, en la naturaleza también podemos encontrar momias humanas o animales momificados de forma natural, que denominamos momias accidentales o naturales. En este caso, los cuerpos se momifican por diferentes factores como la falta de oxígeno, un ambiente seco, la persistencia de calor o frío extremo, o la adicción de un producto desecante como la sal.

En el Museo Mutter de Filadelfia se conserva *La Dama de Jabón*, un cuerpo de mujer exhumado en 1875, en el que un proceso de saponificación sustituyó la grasa corporal por una especie de cera jabonosa. Desde 1993, varias momias naturales conocidas como «hombres de sal», han sido descubiertas en las minas de sal de Chehrabad en Irán y en depósitos de sal cerca de Hallstatt en Austria. En el mar Rojo se han encontrado peces momificados por la sal y la arena caliente, mientras que en la cueva de Lovelock en Nevada, el guano de murciélago acumulado, ha momificado restos de aves. Durante el verano de 2011, la descongelación de la ladera norte del lago Chukchalakh en el permafrost de Siberia, descubrió una momia congelada de un bisonte de estepa perteneciente a la especie extinta *Bison priscus*. El ejemplar recibió el nombre de Bisonte de Yukagir y se unió a la colección de otras momias animales encontradas en el permafrost siberiano. Los dos ejemplares que precedieron al bisonte fueron el Rinoceronte de Kolyma, un rinoceronte lanudo descubierto en 2007 en una mina de oro en la parte inferior del río Kolyma en Yakutia, al noreste de Siberia, y el caballo de Selerikan, un caballo de Przewalski hallado en 1986 en una mina de oro, mientras los mineros excavaban 9 metros bajo tierra congelada cerca del río Indigirka.

Los estudios de cadáveres momificados de los mamíferos cuaternarios conservados en el permafrost dan mucha más información de la que se obtiene de los huesos, pudiendo aportar incluso información relevante desde un punto de vista microbiológico. Este es el caso de Ötzi, el hombre de hielo. Ötzi es una momia humana natural de la Edad de Cobre, datada con una edad de 5300 años y considerada como la más antigua de Europa. En el año 2016, un grupo de investigadores liderados por Albert Zink, extrajeron 12 muestras del tracto intestinal de Ötzi para analizar la población de *Helicobacter pylori.* Esta bacteria estomacal es uno de los patógenos humanos más frecuentes, y los genes Cag de patogeneidad que porta la bacteria están relacionados con la producción de gastritis, úlcera péptica y en casos extremos de cáncer gástrico y linfoma de tejido linfoide asociado a mucosa. La bacteria se ha dispersado globalmente junto con los humanos desde hace miles de años. En Europa, las cepas modernas de *Helicobacter pylori,* que se encuentran en la mayoría de los europeos, son híbridos originados de una combinación de cepas asiáticas y africanas. Sorprendentemente, la cepa encontrada en Ötzi es la hpAsia2, una cepa habitual en el sur y centro de Asia y similar a las cepas modernas encontradas en el norte de la India, pero extremadamente rara en poblaciones europeas. Estos resultados sugieren que la población humana africana que portaba las cepas de *Helicobacter pylori* de origen africano entraron en Europa después de la Edad de Cobre.

Sin embargo, Ötzi no es la única momia humana milenaria encontrada en Europa. Algunos cadáveres humanos hallados en las turberas del norte de Europa y datados en la Edad de Hierro y en la temprana Edad del Bronce, se han preservado de forma excepcional, debido a los particulares factores ambientales del lugar donde fueron depositados tras perecer. Estos restos humanos son conocidos como las momias de los pantanos. Estas sorprendentes momias han conservado su piel y órganos internos gracias a las condiciones de acidez del agua por la presencia de ácidos húmicos y a la baja temperatura y la ausencia de oxígeno durante el proceso de momificación. La mayoría de las momias de los pantanos halladas hasta la fecha, se han descubierto de forma accidental. Una de las más recientes, la bautizada como el hombre de Cashel, fue descubierta el miércoles 10 de agosto de 2011 en Irlanda por Jason Phelan, un trabajador de la empresa irlandesa Bord na Móna. Jason se topó con el cuerpo momificado cuando trabajaba con una fresadora en un pantano del condado de Laois. Irlanda destaca por la cantidad de momias de los pantanos que se han hallado en su territorio. Gran parte de ellas como «el hombre de Old Croghan», «el hombre de Clonycvan» y «el hombre de Gallagh», que actualmente se encuentran expuestos en el Museo Nacional de Irlanda en Dublín, han sido datados en la Edad de Hierro y se piensa que sus muertes estuvieron relacionadas con ceremonias rituales. No obstante, las momias de los pantanos no son únicas de Irlanda, ya que se han encontrado restos momificados en turberas de diferentes países y regiones. «El hombre de Tollud», «el hombre de Grauballe», «la mujer de Huldremose» y «la mujer de Haraldskær» fueron encontrados en la península de Jutlandia en Dinamarca. «La niña de Windeby» fue hallada en 1952 al norte de Alemania y El Hombre de Lindow fue descubierto en agosto de 1984 al noroeste de Inglaterra, en un pantano del condado de Cheshire y cercano a la población de Daresbury donde nació Lewis Carroll, el autor de *Alicia en el país de las maravillas.* Uno de los principales personajes de la novela, es el gato de Cheshire que podía aparecer y desaparecer dejando atrás su sonrisa. En el año 2014, investigadores de la Universidad de Tecnología de Viena lograron medir el momento magnético de un neutrón independientemente del propio neutrón, lo que constituye la primera observación experimental de un gato de Cheshire cuántico.

Volviendo a las turberas del norte de Europa, las condiciones anóxicas que acontecen en estos parajes, unidas al pH ácido del agua, la falta de nitrógeno accesible, la baja temperatura y el secuestro de cationes metálicos necesarios para la vida microbiana, inhiben el crecimiento de los microorganismos y por tanto su acción de degradación sobre los cuerpos sin vida, lo que repercute en una preservación ideal de los restos. Además, en estas turberas crece habitualmente el esfagno, un grupo de especies de musgos conocidos comúnmente como musgos de turbera y que producen el polisacárido esfagnano. El esfagnano aporta una actividad antimicrobiana adicional contra los microorganismos aeróbicos y junto con el amoníaco y los aminoácidos que se encuentran en el pantano, promueve la conservación de los tejidos blandos a través de la reacción de Maillard. Los taninos vegetales presentes en la turba y las sustancias involucradas en la reacción de Maillard, provocan que los cuerpos se tornen de un característico color marrón oscuro o casi negro.

Aunque la mayoría de formas de momificación conservan los tejidos blandos *post mortem*, en el caso especial de los Sokushinbutsu, el proceso de momificación comenzó mientras los individuos estaban vivos. Sokushinbutsu significa consecución de la budeidad en vida y consiste en un proceso de momificación en vida. Entre 1081 y finales del siglo XIX, unos 20 monjes budistas lograron momificarse utilizando un entrenamiento asceta y una dieta rigurosa durante casi 3 años. Además, se cree que durante las últimas semanas de su vida, para acelerar la muerte y preservar el cuerpo, tomaban té tóxico obtenido de *Toxicodendron vernicifluum*, la planta de la que se extrae la savia para realizar el lacado urushi, uno de los más excepcionales y estimados del mundo. Al final, al igual que la laca japonesa, los monjes consiguieron perdurar en el tiempo y convertirse en parte de la historia.

PARA SABER MÁS:

- De Araujo, A. (2016). Investigation of the recent microbial degradation of the skin of the Chinchorro mummies of Ancient Chile. *Journal of Cultural Heritage* 22: 999-1005.
- El-Tawil, S. (2003). Lord Carnarvon´s death: the curse of aspergillosis?. *LANCET* 362 (9386): 836.
- Fisher C. (1998) Bog bodies of Denmark and northwestern Europe. In: Cockburn
- A, Cockburn, E, Reyman, T.A., editor. Mummies, disease and ancient cultures.

- Cambridge, UK: Cambridge University Presspp. 237–262.
- Kurushima, J. (2012). Cats of the Pharaohs: Genetic Comparison of Egyptian Cat Mummies to their Feline Contemporaries. *J Archaeol Sci* 39 (10): 3217-3223.
- Maixner, F. (2016). The 5300-year-old *Helicobacter pylori* genome of the Iceman. *Science* 351 (6269): 162-165.

Unidad 731

Durante las etapas iniciales de la guerra del Pacífico, entre diciembre de 1941 y la primavera de 1942, el ejército imperial japonés parecía imparable. Este ejército fundado en 1867 durante la Restauración Meiji se modeló con el establecimiento de la Era Meiji y consolidó su autoridad en 1877 durante la rebelión de Satsuma contra el Gobierno Meiji, haciendo frente a una revuelta de antiguos samuráis liderada por Saigō Takamori. La victoria del ejército afín al Gobierno, significó prácticamente la desaparición de los samuráis como clase social. La película *El último samurái,* protagonizada por Tom Cruise y estrenada en el año 2003, basa parcialmente su argumento en los eventos acontecidos durante la rebelión de Satsuma.

La hegemonía asiática del Ejército imperial japonés duró varias décadas, pero finalmente fue desmantelado en 1945, tras la rendición japonesa que desembocó en el fin de la Segunda Guerra Mundial. Gran parte del apogeo militar del ejército, transcurrió en los 45 años de Gobierno Meiji. En este periodo, el emperador Meiji se instaló en el castillo Edo, convirtiéndolo en el palacio imperial de Japón, lo que motivó el traslado de la capital japonesa de Kioto a Edo y el cambio de nombre de la ciudad de Edo a Tokio, «la capital del este».

Fotografía del microbiólogo Shirō Ishii (1892-1959) tomada en 1932. En ese año, Shirō Ishii comenzaba a desarrollar experimentos preliminares de lucha biológica y creaba la Unidad 731. El ministro de guerra japonés, el barón Sadao Araki, apoyó incondicionalmente los proyectos de Ishii para el desarrollo de armas biológicas de destrucción masiva, facilitando el patrocinio y mecenazgo de numerosas actividades clandestinas.

Desde el principio, la etapa Meiji fue especialmente belicosa para la población japonesa, ya que el emperador incurrió en varios conflictos armados con naciones vecinas. Uno de los principales fue la primera guerra sino-japonesa. El enfrentamiento entre la dinastía Qing china y el Imperio japonés transcurrió desde agosto de 1894 hasta abril de 1895, y supuso la pérdida china del control sobre Corea como Estado vasallo y, tras la firma del tratado de Shimonoseki, la cesión de Taiwán, las Islas Pescadores y la península de Liaodong al Imperio del Japón.

A pesar de la victoria, el ejército japonés sufrió numerosas bajas, muchas de ellas como consecuencia directa del consumo de agua contaminada con agentes infecciosos causantes de la disentería bacilar o de la disentería amebiana. Por ello, unos años más tarde, cuando los intereses antagónicos de rusos y japoneses por la península de Corea desembocaron en unas frustradas negociaciones que anunciaban la inminente manifestación de un nuevo conflicto bélico, el emperador Meiji impulsó la búsqueda de soluciones para combatir las enfermedades infecciosas que pudieran afectar a sus soldados.

Cientos de médicos y farmacéuticos de todo el archipiélago japonés enviaron sus remedios secretos. Así, en 1903 Totsuka Michitomo, un médico militar e instructor en el Colegio Médico Militar Japonés, descubrió accidentalmente que la creosota era efectiva para reducir la diarrea ocasionada por la fiebre tifoidea y por la bacteria *Escherichia coli*. Como consecuencia de sus observaciones, Michimoto, ayudado por Kawanishi Kenji, crearon el Seirogan, una píldora de creosota para uso militar por los soldados japoneses. Irremediablemente, el conflicto con Rusia estalló en febrero de 1904, originando la guerra ruso-japonesa que se extendió hasta septiembre de 1905. El diario personal del médico militar japonés Mizokami Sadao confirma que el seirogan se distribuyó en grandes cantidades entre las tropas japonesas apenas dos meses después del comienzo de la guerra. Esta iniciativa permitió a los soldados japoneses ser menos propensos a abandonar el combate por dolores de estómago o diarrea. Además, la deducción japonesa que el beriberi era ocasionado por un desorden nutricional, autorizó a los mandos japoneses a suplementar la alimentación oficial basada en arroz blanco con panes y mugimeshi, una mezcla de trigo o cebada con arroz cocida al vapor, lo que condujo a que tampoco ninguno de los militares japoneses enfermara de beriberi. El 5 de septiembre de 1905, a la firma del tratado de Portsmouth, concluye oficialmente la guerra ruso-japonesa con la victoria inesperada del Imperio japonés. Los veteranos de guerra japoneses exageraban y transmitían las propiedades antidiarreicas y calmantes del dolor del seirogan, por lo que pronto, la píldora se convirtió en la panacea que derrotó a Rusia de forma leal y valiente. Actualmente, el seirogan continúa comercializándose en Japón como tratamiento farmacéutico frente a patologías del tracto digestivo, especialmente como antidiarreico.

Sin duda, la Era Meiji reclamó reformas radicales que alcanzaron ámbitos económicos, políticos, militares, sociales e incluso internacionales y artísticos. Una de las intervenciones más significativas influyó en el colectivo de las geishas. En el momento de la Restauración Meiji, las geishas estaban en pleno apogeo, sin embargo temían las innovaciones legales que impusiera el Gobierno para lograr el desarrollo del nuevo Estado modernizado y civilizado. Por esta razón, las geishas y sus empleadores reescribieron las prácticas de compromiso cívico y logros educativos del anterior periodo Tokugawa, en un intento de transformar a las geishas en «madres productivas y morales». Este proceso promovió ideas sobre el propósito de la educación de las mujeres, lo que condujo a la abolición formal del concubinato en 1882 y el advenimiento del paradigma «buena esposa, madre sabia» patrocinado por el Estado en 1899.

Por otra parte, el periodo Meiji supuso una revolución cultural histórica, ya que tras siglos de aislamiento, Japón se abrió a las naciones de Occidente e intentó asimilar una cultura diferente de la suya. Este hecho, en ocasiones opuesto a la celosa preservación de las tradiciones japonesas, provocó una conmoción social y cultural solo comparable a la introducción del budismo desde China en el año 552. El deseo de rebeldía contra el aislamiento que sufrió el Imperio, unido al interés por la novedosa y atractiva sociedad occidental, influyó decisivamente en el desarrollo del arte moderno de Japón. En este sentido, en la Exposición Universal de París de 1878, se propone la fusión de los conocimientos orientales y occidentales relativos al arte japonés de la papiroflexia, creando un único origami que se expandió a decenas de países diferentes.

Anuncio de Seirogan de 1930. El nombre del producto farmacéutico fue registrado por la compañía Taiko Pharmaceutical, pero el Tribunal Supremo de Japón dictaminó que seirogan era un nombre genérico común. Existen pocos nombres de artículos farmacéuticos a los que se les otorga el estatus de dominio público, los ejemplos más sobresalientes son el seirogan y la aspirina.

Retrato de Miguel de Unamuno realizado por José Gutiérrez Solana en 1936. Sobre la mesa se observa el tipo de pajarita que diseñó Unamuno.

La sociedad española no fue una excepción y también se plegó a esta nueva tendencia. En realidad, el aumento de la relevancia del arte origami en España y en el resto de países hispanohablantes se debe en gran medida a la entusiasta afición de Miguel de Unamuno por las pajaritas de papel. El escritor incluso acuñó un nuevo término lingüístico referente al arte de construir pajaritas de papel, la cocotología, una palabra que deriva del francés *cocotte* y que puede traducirse por gallina o pajarita. También difundió su afición escribiendo un tratado sobre cómo crear correctas pajaritas de papel que tituló *Apuntes para un tratado de cocotología*. Es evidente que Unamuno era un apasionado creador de papirolas. Era habitual encontrarlo en las tertulias diarias del Café Novelty de la Plaza Mayor de Salamanca, junto a alguna nueva pajarita de papel de reciente creación. Su destreza y habilidad era tan inusitada que inventó un nuevo modelo de pajarita de papel. Este tipo de pajarita aparece reproducida en el retrato que el pintor José Gutiérrez Solana realizó del filósofo en 1936 mientras Unamuno era rector de la Universidad de Salamanca. En el año 2006, Paul Rothemund desarrolló el método actual de origami de ADN. Esta técnica permite el plegamiento del ADN a nivel de nanoescala facilitando la creación de formas bidimensionales y tridimensionales no arbitrarias que poseen multitud de potenciales aplicaciones, desde la creación de nanorobots de ADN hasta la vehiculización de sustancias antitumorales como la doxorrubicina.

Tras el periodo Meiji, el Ejército imperial japonés continuó participando activamente en grandes conflictos bélicos, en la Primera Guerra Mundial como miembro de los aliados y en la Segunda Guerra Mundial como una de las Potencias del Eje. En el marco de la Segunda Guerra Mundial se sobrepusieron diversos conflictos bélicos entre diferentes naciones. Uno de ellos, fue el conocido como la segunda guerra sino-japonesa, que libraron el Imperio japonés y la República de China. Durante este conflicto, los médicos y científicos del Ejército imperial japonés crearon la Unidad 731, un gran programa encubierto de investigación y desarrollo de armas biológicas. La unidad 731 era dirigida por el microbiólogo militar Shirō Ishii y estaba ubicada al noreste de la ciudad china de Harbin. La instalación creció camuflada como un módulo de purificación de agua y llegó a abarcar más de 100 edificios. La defensa de Ishii al desarrollo del programa biológico, se apoyaba en la observación simple y correcta de que en tiempo de guerra, más soldados mueren como consecuencia de enfermedades que directamente en la batalla. Ishii supervisó la investigación necesaria para aumentar las enfermedades infecciosas en enemigos civiles y militares de Japón. Experimentó con prisioneros chinos, coreanos, mongoles, rusos, estadounidenses y europeos, causándoles un sufrimiento terrible. Fue responsable de algunas de las peores atrocidades hechas en nombre de la ciencia médica.

Los prisioneros masculinos y femeninos eran infectados deliberadamente con sífilis, turalemia, disentería, gonorrea, ántrax, cólera, salmonella y peste bubónica para investigar el tiempo de actuación y las repercusiones que causaban las enfermedades. Los cautivos no estaban amparados por ningún tipo de derecho y desde el principio, los miembros de la Unidad 731 los trataron como seres inertes sin identidad, cuyo único destino posible era servir para la investigación militar. Esta descripción amoral de los prisioneros originó que se les denominase con el apelativo genérico de «maruta», una palabra japonesa que significa registro. Eso eran aquellos hombres y mujeres, simples registros. Después de la guerra, el comandante británico Robert Peaty, oficial del cuerpo de ordenanza de la Real Armada Británica, fue preguntado sobre las condiciones de vida en el campo de prisioneros de Mukden en el cual había sido recluido y torturado. Peaty, con el alma gastada y los recuerdos encarnados, respondió: «Me acordé del Infierno de la *Divina Comedia* de Dante: abandonen la esperanza, todos ustedes que entran aquí».

Fruto de una endiablada creatividad, los agentes de la Unidad 731 crearon las bombas de manchuria, unas vasijas que contenían pulgas infestadas con *Yersinia pestis*, el agente causal de la peste negra. Las bombas eran lanzadas sobre diferentes localizaciones, provocando epidemias de peste que segaron la vida de cientos de miles de civiles chinos. En tiempos de guerra, la crueldad es pegajosa. Dado el éxito de la Unidad 731, se crearon otros destacamentos en diversas ciudades, cuyo cometido era investigar el potencial uso bélico de diversos agentes infecciosos. Así, entre otras, la Unidad 100 se estableció Changchun, la Unidad 8604 en Cantón, la Unidad 1855 en Pekín y la Unidad 9420 en Singapur. La experiencia que adquirió el ejército en el manejo de agentes infecciosos, animó a los oficiales a permitir una acción directa contra las tropas de la URSS, contaminando con *Salmonella* las reservas de agua soviéticas de la frontera con Mongolia. Esta acción japonesa unida a otros enfrentamientos desembocaron en el conocido como *Incidente Nomonham*, que terminó con la derrota concluyente del ejército nipón. La derrota desalentó la idea japonesa de enfrentarse a la Unión Soviética prefiriendo a Estados Unidos como oponente, ya que lo consideraba más débil. Esta política condujo a Japón a atacar Pearl Harbor el 7 de diciembre de 1941. Un día después, el 8 de diciembre de 1941, el Congreso de los Estados Unidos declaró la guerra al Imperio del Japón.

Los acontecimientos sucesivos encarrilaron la derrota japonesa en la Segunda Guerra Mundial, provocando el desmantelamiento de la Unidad 731 y el encarcelamiento de diferentes miembros del ejército japonés, que fueron juzgados por la fabricación y uso de armas biológicas en los «juicios sobre crímenes de guerra de Jabárovsk». Entre los encausados no se encontraba Shirō Ishii, principal responsable japonés del desarrollo y uso de agentes biológicos durante la guerra. Ishii negoció, con el bando vencedor, la transmisión de información sobre los experimentos y conclusiones que había cosechado. La aberrante asesoría microbiológica que ofreció le permitió asegurarse la impunidad, y obtener la inmunidad en 1946 ante el Tribunal Penal Militar Internacional para el Lejano Oriente, que articulaba los Procesos de Tokio contra los criminales de guerra japoneses.

Actualmente, el término Meiji continua vigente en Japón, dominando los estantes de los supermercados japoneses. Meiji Holdings Company, Ltd. es la compañía láctea más grande de Japón y la cuarta compañía confitera más grande del mundo, por lo que inunda a diario las casas japonesas con sus productos. En el año 2009, la compañía impulsó su oferta de productos funcionales lanzando la leche Recaldent. La adicción de Recaldent a la leche, aporta fosfopéptidos caseicos (CPP) y una forma amorfa y soluble de calcio y fósforo (ACP). Estos compuestos facilitan la remineralización de los dientes y mejoran la salud dental. En el año 2008, la leche Recaldent recibió el distintivo FOSHU (Food for Specified Health Use), destinado a aquellos alimentos procesados que contienen ingredientes que desempeñan una función específica en las funciones fisiológicas del organismo humano, más allá de su contenido nutritivo. La compañía mantiene el espíritu Meiji de renovación y modernización. Así, en el año 2015, Meiji Holdings Company, Ltd. lanzó el *Meiji Probio Yogurt PA-3*, un yogurt que se unió a otros productos probióticos como el *Meiji Probio Yogurt LG21* y el *Meiji Probio Yogurt R-1*. El *Meiji Probio Yogurt PA-3* contiene la bacteria *Lactobacillus gasseri* PA-3 cuyo objetivo es colonizar el intestino del consumidor y absorber el exceso de purina ingerida en la dieta. Está aceptado que la ingesta frecuente y abundante de alimentos ricos en purina provoca un aumento de los niveles de ácido úrico, lo que constituye un factor de riesgo de hiperuricemia y posible desarrollo de gota. Por ello, la reducción de la absorción intestinal de purinas puede atenuar el incremento de ácido úrico por lo que, teóricamente la captación de las purinas por *Lactobacillus gasseri* PA-3 reduce el riesgo de padecer gota. Sin duda, las bacterias pueden ser tremendamente beneficiosas o terriblemente devastadoras, y en muchas ocasiones, que ejerzan uno u otro papel, depende únicamente de los inconfesables deseos humanos. Como dijo Mario Vargas Llosa: «La utopía no es realizable, la sociedad perfecta no existe ni va a existir, básicamente porque es imposible que la idea de la sociedad perfecta coincida en dos seres humanos».

Botella de 112 ml de *Meiji Probio Yogurt PA-3*
que ha sido comercializada en Japón.

PARA SABER MÁS:

- Brody H. (2014). United States Responses to Japanese Wartime Inhuman Experimentation after World War II: National Security and Wartime Exigency. *Cambridge Quaterly of Healthcare Ethics* 23 (2): 220-230.
- Hoi-Eun K. (2013). Cure for Empire: The 'Conquer-Russia-Pill', Pharmaceutical Manufacturers, and the Making of Patriotic Japanese, 1904-45. *Medical History* 57 (2): 249-268.
- Matsumura J. (2016). Combating Indiscipline in the

Imperial Japanese Army: Hayao Torao and Psychiatric Studies of the Crimes of Soldiers. *War in History* 23(1): 79-99.

- Powell T. (2006). Cultural context in medical ethics: lessons from Japan. *Philosophy, Ethics, and Humanities in Medicine* 1: 4.
- Praetorius F. (2017). Biotechnological mass production of DNA origami. *Nature* 552: 84-87.
- Yamada N. (2016). Evaluation of purine utilization by *Lactobacillus gasseri* strains with potential to decrease the absorption of food-derived purines in the human intestine. *Nucleosides Nucleotides Nucleic Acids* 35 (10-12): 670-676.

El mal de Panamá

«Muchos años después, frente al pelotón de fusilamiento, el coronel Aureliano Buendía había de recordar aquella tarde remota en que su padre lo llevó a conocer el hielo».

Así comienza *Cien años de soledad,* la novela escrita por Gabriel García Márquez. El argumento literario fusiona fantasía con realidad, ficción con historia, fábula con remembranza. García Márquez narra la historia de la familia Buendía, del paso de las generaciones, del crecimiento del pueblo, de la llegada del desarrollo y por supuesto de la fiebre del banano.

Actualmente, la producción anual de bananas comestibles se sitúa en torno a los 107 millones de toneladas y predominantemente son híbridos de *Musa acuminata* y *Musa balbisiana.* En principio, los bananos cultivados diploides AA, fueron domesticados en islas del sudeste asiático y la Melanesia occidental, a partir de híbridos estériles de diversas subespecies de *Musa acuminata* como *zebrina, errans, malaccensis, microcarpa, banksii,* y *truncata.* Posteriormente, a partir de ellas se obtuvieron individuos triploides AAA que se cultivaron de forma masiva. Entre los principales cultivares, destacó la *Gros Michel.* Esta variedad no aparece en los registros históricos hasta el principio del siglo XIX, cuando el botánico francés

Jean François Pouyat observó su crecimiento en Martinica y llevó un espécimen a Jamaica. *Gros Michel* producía grandes racimos, era resistente al golpeado durante el transporte y las características estéticas y organolépticas eran muy agradables para el consumidor. Inmediatamente se convirtió en un producto estrella y se difundió por la isla. Dada su popularidad, se diseminó con celeridad por el Caribe y después, por vías oficiales y extraoficiales, su cultivo se extendió a diversos países de América Central como Honduras o Panamá.

En 1892, oficiales colombianos coordinaron la importación de *Gros Michel* a su país desde Jamaica. Años más tarde, empresarios samarios establecieron, en la localidad de Ciénaga, la primera plantación importante de bananos en Colombia. En aquel momento, la competencia entre cultivadores y transportistas por el control del negocio era asfixiante. El mercado estadounidense cada vez engullía más cantidad de bananas y desde 1892 las importaciones de plátanos aumentaban constantemente. Dada la situación, en 1899 varias compañías, entre las que se encontraban la Tropical Trading and Transport Company de Minor Cooper Keith y su competidora directa la Boston Fruit Company de Andrew W. Preston, se fusionaron y fundaron la multinacional United Fruit Company (UFCO). Desde su creación, la compañía era propietaria de grandes extensiones de cultivo de banano en países centroamericanos como Guatemala y El Salvador. Acto seguido, la empresa comenzó una agresiva negociación con las compañías rivales, consiguiendo gran parte de su accionariado y por tanto, logrando un monopolio casi exclusivo del mercado de frutas tropicales en EE.UU. Por supuesto, el monopolio incluía la producción y distribución de bananas. Sin embargo, a pesar de la magnífica posición económica, la compañía mantenía una preocupación constante por reducir los costos tributarios y laborales en los países en los que operaba.

En este sentido, *Cien años de soledad* excava en las arrugas del tiempo y presenta la complejidad de la sociedad colombiana que trabajaba en torno a la producción de bananas *Gros Michel* para la United Fruit Company. Parte del relato novela sucesos reales acontecidos durante la «masacre de las bananeras», en el municipio colombiano de Ciénaga, el 5 y 6 de diciembre de 1928. En aquel tiempo, United Fruit Company empleaba un sistema basado en el trabajo a destajo, utilizando contratistas colombianos para reclutar a los obreros que iban a trabajar en sus plantaciones. La empresa facturaba millones de dólares pero no tenía trabajadores en plantilla y los obreros recibían parte de su salario en vales canjeables en las tiendas locales. En 1928, los trabajadores no aguantaron más y demandaron mejoras salariales, sanitarias y contractuales.

El 6 de octubre se reunió en Ciénaga una asamblea de la Unión Sindical de Trabajadores del Magdalena y aprobaron un pliego con 9 condiciones. La United Fruit Company permaneció intransigente y el 12 de noviembre estalló la huelga. Aconteció una masiva movilización social. En la vorágine de acontecimientos, el Gobierno de los Estados Unidos de América amenazó al Gobierno colombiano y le instó a proteger los intereses de la United Fruit Company. Los diarios locales, *La Prensa* y *Diario del Córdoba,* informaban que el Ministerio de Guerra, ante el conflicto surgido entre obreros y empresarios, había ordenado la concentración de tropas militares en Ciénaga. Poco después, el Gobierno decretó el Estado de Sitio en la provincia huelguista de Santa Marta. Cada día los huelguistas se congregaban y manifestaban pacíficamente en distintos puntos, pero el 5 de diciembre algo cambió. A las 11 de la noche, el gobernador del departamento de Magdalena emitió un decreto por el que ordenaba la dispersión de los grupos de huelguistas. Los militares dieron 15 minutos para que la muchedumbre desalojara los espacios en los que se encontraban. Los manifestantes desobedecieron. Los militares redoblaron los tambores. El ritmo era disuasorio. Se unieron toques de corneta. Los huelguistas sudaban hielo y rabia pero no cedieron. La realidad se paró y el aire se empastó cuando un militar gritó fuego. Las ametralladoras tronaron con fuerza y los cadáveres se agolparon en el suelo y en las vergüenzas del ejército colombiano. Según algunas fuentes oficiales extranjeras, las cifras superaron los 1000 muertos.

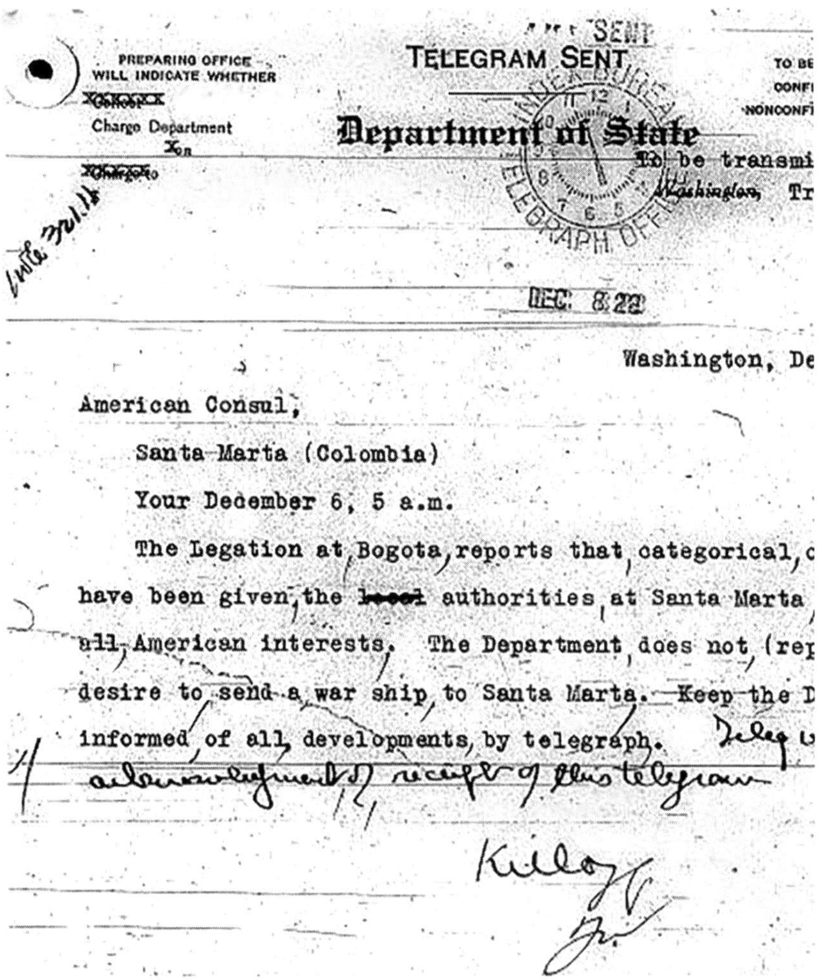

PREPARING OFFICE WILL INDICATE WHETHER

Charge Department

TELEGRAM SENT

Department of State

TO BE CONFI NONCONFI

To be transmi

Washington, Tr

DEC 8 28

Washington, De

American Consul,

Santa Marta (Colombia)

Your December 6, 5 a.m.

The Legation at Bogota reports that categorical c have been given the ~~local~~ authorities at Santa Marta all American interests. The Department does not (rep desire to send a war ship to Santa Marta. Keep the D informed of all developments by telegraph.

Kellogg

Telegrama del Departamento de Estado enviado, el 8 de diciembre de 1928, al cónsul estadounidense en Santa Marta, instándole a proteger los intereses americanos.

Después de aquel lamentable incidente, la United Fruit Company siguió produciendo plátanos *Gros Michel* en Colombia y otros países americanos, pero emergieron movimientos políticos que permitieron reforzar la organización laboral y los derechos de los trabajadores. Los grandes proyectos ferroviarios en Centroamérica facilitaron la producción industrial y el comercio de bananas. La variedad *Gros Michel* inundó los mercados.

Sin embargo, en las plantaciones de bananos de Panamá, empezaron a aparecer síntomas de una enfermedad. Las hojas se agostaban, debilitaban y doblaban laxamente. Después, se manifestaba una decoloración en el tejido vascular del rizoma y de los pseudotallos. Al final la planta moría. Afectó a más de 50.000 hectáreas de cultivo ocasionando pérdidas estimadas de 2300 millones de dólares. La enfermedad se empezó a conocer como el «mal de Panamá» y muy pronto se extendió por las plantaciones de otros países americanos. La *Gros Michel* era muy susceptible a la enfermedad, por lo que teniendo en cuenta que, la mayor parte de plantaciones de bananas estaban basadas en monocultivos de esta variedad, la crisis fue épica.

El responsable era la Race 1, una cepa fúngica de la subespecie *Fusarium oxysporum* f. sp. *cubense.* Este hongo es muy agresivo y ocasiona una de las enfermedades más destructivas del banano a nivel mundial. Se supone que la enfermedad se originó en el sudeste asiático, pero se reportó por primera vez en Australia en 1874. La incidencia de la enfermedad ocasionó que la mayoría de las plantaciones comerciales de *Gros Michel* desaparecieron en la década de los años 50 a 60. El hongo patógeno permanecía en el suelo de las plantaciones de bananas, por lo que era imposible volver a plantar *Gros Michel.* La industria bananera, incluida la United Fruit Company, se tambaleó. El público quería comer plátanos, pero no había para vender. El negocio se dirigía a la quiebra y el responsable era un pequeño hongo. Era necesario buscar un sustituto. Lo encontraron en la variedad *Cavendish.*

Logotipo de la compañía Chiquita Brands International Inc., principal distribuidora de plátanos en los Estados Unidos de América y sucesora de la empresa United Fruit Company (UFCO).

Las bananas *Cavendish* fueron nombradas así por William George Spencer Cavendish, sexto duque de Devonshire. Un día de 1823, mientras paseaba por sus jardines, el duque se encontró con Joseph Paxton, un joven jardinero de 20 años que trabajaba en los cercanos Jardines Chiswick de la Horticultural Society. El duque quedó impresionado por el talento, entusiasmo y habilidad de Paxton, por lo que le ofreció el puesto de jardinero principal en Chatsworth, que era considerado uno de los mejores jardines paisajísticos de la época. Joseph aceptó y comenzaron una larga relación profesional y personal de amistad. Años más tarde, alrededor de 1834, el duque de Devonshire recibió un envío de plátanos cortesía del capellán de la finca de Alton Towers, que por aquel entonces era ocupada por los condes de Shrewsbury. Cavendish se los dio a Paxton, que los cultivó en los invernaderos de Chatsworth House. Su trabajo fue excepcional. Un par de años más tarde, recibieron del Amazonas, semillas de

Victoria regia, el nenúfar más grande conocido. Para albergar los nenúfares, Paxton diseñó la Victoria Regia House. Este edificio sirvió de precedente a la obra maestra de Paxton, el Palacio de Cristal de la Gran Exposición de 1851.

Cien años después de la Gran Exposición, Joseph Paxton volvería a ser protagonista. La variedad *Cavendish,* que el jardinero había cultivado y perpetuado, era resistente a la Race 1 de *Fusarium oxysporum* f. sp. *cubense.* Además, podía plantarse sin problemas en el suelo donde la enfermedad había estado presente. La industria adoptó al *Cavendish* como salvador del negocio. Se obtuvieron plantas a partir de las originales que Paxton había cultivado. Se plantaron millones de hectáreas con nuevas plantas obtenidas a partir de estacas. Todas perfectas. Todas iguales. De hecho, genéticamente eran clones. Los cultivos se propagaron a una velocidad vertiginosa y se convirtieron en prácticamente la única variedad comercializada. La variabilidad genética era casi nula, pero coparon el mercado.

Hoy en día, cada planta *Cavendish* cultivada, procede de las de Paxton. Todas son clones y cada plátano que comemos es un clon de cualquier otro plátano *Cavendish* comercializado. Llevamos muchas décadas comiendo la variedad *Cavendish* por lo que, podríamos decir que cada plátano que hemos comido en nuestra vida ha sido siempre el mismo. No todo ha sido perfecto, el sabor del *Cavendish* respecto al que tenía el *Gros Michel* es diferente.

La industria apostó por la supervivencia en detrimento del gusto. La *Gros Michel* tenía un olor y sabor más dulce e intenso. Esta puede ser la razón por la que los caramelos, golosinas y otros productos con olor y sabor a plátano, en realidad ni huelen ni saben a plátano. Al menos no a plátano *Cavendish.* Los sabores y aromas artificiales a plátano, utilizan sustancias como el acetato de isoamilo, y fueron desarrollados antes que el *Cavendish* sustituyera al *Gros Michel,* por lo que están basados en las variedades *Gros Michel* que, organolépticamente eran diferentes al *Cavendish* actual.

No obstante, la industria del plátano no permanece a salvo. La variedad *Cavendish* ha sucumbido a la Tropical Race 4 (TR4), una nueva cepa patógena de *Fusarium oxysporum* f. sp. *cubense.* Desde la década de 1990, el hongo ha aniquilado las plantaciones de *Cavendish* en Indonesia, Malasia y otras regiones asiáticas. En el año 2015 se informó que la enfermedad estaba en el Líbano, Pakistán y algunas regiones de India y Australia. En 2016 se encontró en Israel. En 2017 en Laos y Vietnam. En 2018 se confirmó que se había extendido a Myanmar. Dada la rapidez de propagación y que todos los clones de *Cavendish* tienen el mismo genotipo, la enfermedad puede arrasar por completo la producción mundial de bananas *Cavendish.* Por ello, el Organismo Internacional Regional de Sanidad Agropecuaria (OIRSA), ha diseñado un plan de contingencia específico de TR4 para sus nueve países miembros (Belice, Costa Rica, República Dominicana, El Salvador, Guatemala, Honduras, México, Nicaragua y Panamá), ya que en estos países, la exportación de bananas supone un sector económico estratégico. Además, otra enfermedad fúngica está golpeando al *Cavendish.* Se trata del hongo *Mycosphaerella fijiensis* que causa la enfermedad conocida como *Sigatoka negra.* El daño de la infección, llega a causar una reducción de más del 50% del peso del racimo.

El plátano es uno de los principales cultivos alimentarios del mundo. Por tanto, es ahora el *Cavendish* quien necesita un sustituto resistente a las plagas. Sin embargo, dadas sus características, los bananos comerciales son difíciles de mejorar genéticamente. El desafío es extraordinario y algunos investigadores abogan por la cisgénesis, que permite incorporar al *Cavendish* genes de resistencia a la TR4 provenientes de otras especies de plátano. No sabemos lo que ocurrirá en el futuro, pero yo que tú, iría a comer un plátano antes de que sea tarde.

PARA SABER MÁS:

- Czislowski E. (2018). Investigation of the diversity of effector genes in the banana pathogen, *Fusarium oxysporum* f. sp. *cubense*, reveals evidence of horizontal gene transfer. *Molecular Plant Pathology* 19 (5): 1155-1171.
- García Márquez G. (1967). *Cien años de soledad.*
- Li L.F. (2017). Origin and domestication of cultivated banana. *Ecological Genetics and Genomics* 2 : 1-2.
- Nitani T. (2018). Panama disease of banana occurred in Miyakojima Island, Okinawa, Japan. *Journal of General Plant Pathology* 84:165-168.
- Ploetz R. C. (2015). Management of Fusarium wilt of banana: A review with special reference to tropical race 4. *Crop Protection* 73: 7-15.

Fotografía de Eduard Christian Arning (1855-1936) tomada en 1903. Arning comenzó la carrera de médico como ginecólogo en Berlín, sin embargo, al poco tiempo sus intereses se centraron en la dermatología y la venereología. Durante su estancia en las Islas Hawaii, Arning tomó decenas de imágenes, de las cuales, 237 reproducciones de fotografías en placas de vidrio, se conservan en la Biblioteca de la Sociedad Histórica de Hawai en Honolulu.

Julio Verne y la bacteria que viajó al centro de la Tierra

La *Tintura de Arning* es una solución etanólica-etérea altamente inflamable diseñada para el tratamiento de infecciones fúngicas de la piel y de las uñas. Fue inventada en 1901 por el dermatólogo y microbiólogo Eduard Christian Arning. Eduard nació en Manchester pero tenía ascendencia germana. Era el segundo hijo de un emigrante alemán que había buscado fortuna en Inglaterra. Por esta razón, a pesar de ser inglés de nacimiento, recibió la mayor parte de su educación en Alemania. La vinculación familiar que los Arning tenían con la ciudad de Hamburgo, facilitó que, con tan solo doce años de edad, Eduard fuera enviado al país germano para realizar sus estudios en la *Gelehrtenschule des Johanneums,* la escuela más antigua de Hamburgo y una de las de mayor reconocimiento de Alemania. Más tarde, tras completar su formación médica en Heidelberg y Estrasburgo, conoció al dermatólogo alemán Oskar Lassar, que le introdujo en la Clínica Dermatológica de la Universidad de Wroclaw. Allí, se convirtió en alumno de los eminentes dermatólogos Oskar Simon y Albert Ludwig Sigesmund Neisser. La trayectoria profesional de Eduard Arning se precipitó en 1879, cuando Arning obtuvo el doctorado médico en Estrasburgo y Neisser identificó, a partir de exudados de pacientes con uretritis y oftalmia neonatal, al agente causal de la gonorrea. En honor a Neisser, la bacteria que provoca la enfermedad recibió el nombre de *Neisseria gonorrhoeae.* Del mismo modo, en 1879, Neisser publicó *Zur Aetiologie der Lepra,* un trabajo en el que daba a conocer sus hallazgos sobre la enfermedad de la lepra. En vista de los acontecimientos, Arning estaba ilusionado con empezar a trabajar bajo la tutela de Neisser. Era lógico que, dada la trayectoria de Neisser, las propuestas de planes de investigación para Arning, se centraran en la lepra o en alguna enfermedad de transmisión sexual como la sífilis o la gonorrea.

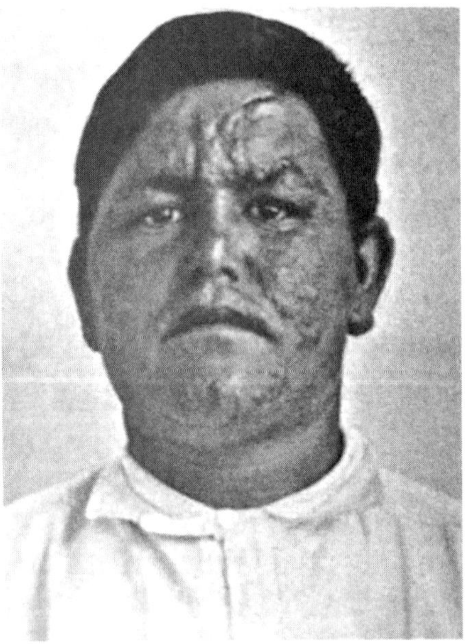

Retrato de Keanu (1836-1892), el recluso que participó en los experimentos de Eduard Arning. La Junta de Salud de Hawaii construyó una cárcel en Kalaupapa para Keanu y otro prisionero, llamado Daniel, que también padecía la lepra. Es probable que ambos llegaran juntos a Kalaupapa, el 6 de febrero de 1889. Keanu murió en el hospital de Kalawao el 18 de noviembre de 1892, a la edad de 56 años.

En 1881, Neisser publicó *Weitere Beitrage zur Aetiologie der Lepra,* que complementaba los trabajos de Hansen sobre el agente causal de la lepra. Eduard quedó fascinado por las investigaciones de Neisser y se empeñó en ahondar en el tema. En 1883, obtuvo una subvención del Instituto Humboldt de la Real Academia Prusiana de Ciencias para estudiar la lepra en las Islas de Hawaii, bajo la supervisión de la Junta de Salud de Hawaii. Eduard Arning llegó a Hawaii en noviembre de 1883, y se instaló cerca de Honolulu, en unos terrenos del Hospital Branch Leper.

Arning permaneció en Hawaii hasta 1886, estudiando las colonias de leprosos, en especial la leprosería de Kalawao, en la isla de Molokai. En Molokai coincidió con el Padre Damián, un misionero católico belga que dedicó su vida al cuidado de los leprosos de Molokai, y que por su labor fue investido como «caballero comandante» de la Real Orden de Kalākaua. Tras su muerte en 1889, el Padre Damián se convirtió en el patrón espiritual del Estado de Hawaii.

Durante su estancia en las Islas Hawaii, Arning realizó controvertidas biopsias en pacientes vivos y autopsias en los muertos. Además, se opuso con firmeza a George Fitch, médico oficial de Molokai, que afirmaba equivocadamente, que la lepra era una etapa de la sífilis. El 13 de agosto de 1884, Eduard Arning, a través de la Junta de Salud de Hawaii, solicitó al Consejo Privado del Rey Kalākaua que se le permitiera experimentar con un criminal. El convicto era un hombre de 48 años llamado Keanu. El preso había matado a un japonés llamado Charlie, que resultó ser el marido de su amante, y por ello había sido condenado a muerte por ahorcamiento. Keanu había aceptado participar en el experimento de Arning a cambio de escapar de la ejecución. La petición fue concedida. El 30 de septiembre de 1884, Arning infectó deliberadamente a Keanu, suturando un leproma del tamaño de un huevo de gallina en una incisión en el brazo del reo. Arning prolongó su estudio hasta el 5 de junio de 1886. Poco tiempo después, hostigado por las autoridades sanitarias y sin resultados concluyentes, decidió volver a Alemania. Sin embargo, a los veinticinco meses de la inoculación, mientras se encontraba en la cárcel de Oahu, Keanu empezó a mostrar signos de lepra. La enfermedad se confirmó unos meses más tarde, y Keanu fue trasladado al Kakaako Branch Hospital. Tras los significativos resultados, Arning informó que la lepra podía transmitirse en humanos a través de la inoculación. No obstante, algunos médicos de Kalawao, entre los que se encontraba el doctor Swift, rebatieron las afirmaciones de Arning. Finalmente, Keanu fue enviado a la leprosería de Kalawao en Molokai, donde murió el 16 de noviembre 1892.

Además de Eduard Arning, otros científicos notables se han formado entre las vetustas paredes del Gelehrtenschule des Johanneums. Algunos ejemplos de alumnos que destacaron en las aulas de la institución germana son, el embriólogo Hans Driesch, el astrónomo Johann Franz Encke, el bioquímico Georg Franz Knoop, el neurólogo Max Nonne, el físico Heinrich Rudolf Hertz, quien fue el primero en probar de manera concluyente la existencia de las ondas electromagnéticas, o los geólogos y exploradores Adolf Overweg y Heinrich Barth, los cuales realizaron heroicas expediciones a territorios africanos inexplorados por los europeos. Sin embargo, Overweg y Barth no son los únicos exploradores famosos vinculados al Gelehrtenschule des Johanneums. Entre el profesorado de esta institución encontramos a Otto Lidenbrock, un ficticio profesor de mineralogía, cascarrabias e impaciente, que impartía sus clases en la escuela de Hamburgo.

Lidenbrock es uno de los protagonistas de *Viaje al centro de la Tierra*, la novela de Julio Verne publicada el 25 de noviembre de 1864. En la obra, el profesor Lidenbrock deja sus clases en el Gelehrtenschule des Johanneums, para viajar a Islandia junto a su sobrino Axel. Una vez allí, en compañía de Hans, buscan el centro de la Tierra. Para ello, se adentran en el volcán Snæfellsjökull, hundiéndose en la pastosa y ardiente oscuridad que guarda las entrañas del volcán.

Durante el descenso, los exploradores participan en un sinfín de peripecias hasta que consiguen encontrar un mundo que se creía extinto. En uno de los episodios iniciales de la novela, el profesor Lidenbrock descifra un mensaje en latín que desencadena la aventura. El mensaje manifestaba «*descende, Audax viator, et terrestre centrum attinges*» que significa «*desciende, audaz viajero, y alcanza el centro de la Tierra*». La sorpresa de Lidenbrock y sus acompañantes fue mayúscula, cuando inmersos en la odisea, comprobaron la existencia de vida a miles de metros de profundidad y en unas condiciones extremas.

La sorpresa debió ser comparable a la sufrida por Dylan Chivian, del Lawrence Berkeley National Laboratory, cuando en el año 2008, junto a un grupo de investigadores internacionales de diferentes centros de los Estados Unidos, Canadá y Taiwan, descubrieron la existencia de una nueva bacteria en un fluido tomado a 2,8 km de profundidad. La muestra de agua subterránea fue recogida en el nivel 104 de la mina sudafricana de Mponeng, la mina de oro más profunda del mundo. Mponeng es un auténtico agujero al centro de la Tierra. La nueva bacteria descubierta es capaz de sobrevivir en las entrañas de la mina, en ausencia de luz solar, a una temperatura de 60 °C y a un pH de 9,3. Dadas las coincidencias, los investigadores, inspirándose en la obra de Julio Verne, decidieron nombrar a la bacteria como *Candidatus Desulforudis audaxviator.* El microorganismo consigue subsistir utilizando el hidrógeno y sulfato proveniente de la descomposición radioactiva del uranio presente en el entorno. El análisis del microorganismo ha revelado un modo de vida aislado de la fotosfera. Este hallazgo es extraordinario, ya que la bacteria ha sido capaz de codificar todo el componente biológico de un ecosistema simple dentro de un único genoma, y por tanto, es responsable de crear el ecosistema más pequeño de la Tierra, que cuenta tan solo con la especie *Candidatus Desulforudis audaxviator.*

Fotografía de Julio Verne (1828-1905) tomada en 1878. El escritor francés fue precursor de las novelas de aventuras y de ciencia ficción, siendo uno de los autores más traducidos de la historia. Fue un visionario, que anticipó descubrimientos futuros y eventos históricos en la narrativa ficticia de sus novelas. En su novela *De la Terre à la Lune Trajet direct en 97 heures* (1865), anticipó la construcción de naves espaciales para poder alcanzar la Luna.

Con base a sus características, la comunidad científica internacional supone que la bacteria *Candidatus Desulforudis audaxviator* representa al tipo de organismo que, gracias a la energía radiactiva proporcionada por los isótopos inestables naturales, podría sobrevivir en entornos no iluminados de nuestro sistema solar, como puede ser la luna helada de Europa, uno de los satélites de Júpiter, o la luna helada de Enceladus, la sexta luna más grande de Saturno. La potencial habitabilidad futura de las lunas heladas del sistema solar, han dirigido los estudios a analizar objetivos astrobiológicos que predigan posibles formas de vida con capacidad de habitar esos satélites. Los análisis han demostrado que la producción de sulfato por radiólisis de rayos *gamma*, es suficiente para suministrar el mínimo de energía requerida para mantener una masa celular considerable de *Candidatus Desulforudis audaxviator,* y por tanto de formar un ecosistema viable en Europa, Enceladus u otras lunas heladas del sistema solar o del resto del universo.

En este sentido, la bacteria *Candidatus Desulforudis audaxviator* se erige como esencial para refinar nuestras predicciones sobre la existencia de vida potencial en otros cuerpos planetarios como Marte, Titán e incluso en otros muchos mundos más. Estos planetas extraterrestres podrían albergar seres vivos similares a *Candidatus Desulforudis audaxviator,* una bacteria que vive en el centro de la Tierra y quizás también en otros lugares a años luz de nuestro hogar.

PARA SABER MÁS:

- Altair T. (2018). Microbial habitability of Europa sustained by radioactive sources. *Scientific Reports* 8: 260.
- Bushness O. A. (1967). Dr. Edward Arning, the first microbiologist in Hawaii. Hawaii Journal History 1: 3-30.
- Chivian D. (2008). Environmental genomics reveals a single-species ecosystem deep within Earth. *Science* 322 (5899):275-278.

- Probst A. J. (2018). Differential depth distribution of microbial function and putative symbionts through sediment-hosted aquifers in the deep terrestrial subsurface. *Nature Microbiology* 3 (3): 328-336.
- Verne J. (1864). *Viaje al centro de la Tierra.*
- Zhou J. (2011). How sulphate-reducing microorganisms cope with stress: lessons from systems biology. *Nature Reviews Microbiology* 9 (6): 452-466.

Las brujas de Salem

Las brujas se aferran a la cultura popular deslizándose sibilinas por el imaginario colectivo. Representadas bellas y delicadas como las lamias y las anjanas o monstruosas como las estirges, siempre han ocupado un espacio significativo en las leyendas rurales. La construcción del puente de Unanibia es atribuida a las brujas de Andoain. Las brujas de la Península de Penwith en Cornualles, se divertían provocando tempestades con las que hundían embarcaciones frente a los acantilados de Sant Levan. En pleno *istmo* de Curlandia en Lituania, encontramos la Colina de las Brujas, un lugar lleno de misticismo donde se esconden más de 70 esculturas talladas en los troncos de los robles que dominan el paraje. Finisterre cobijó en el siglo XVI a la terrible Orcabella. En *El Coloquio de los perros* de Miguel de Cervantes aparecen la Camacha, la Cañizares y la Montela que eran capaces de convertir a los hombres en animales. Narbona de Cenarbe fue una de las brujas de Villanúa acusadas de suministrar melecinas y hechizar vecinos de la comarca de la Jacetania, por lo que fue quemada en una hoguera en el Palacio de la Aljafería en 1498. En la Ribagorza las brujas se reunían en el Turbón y en el Cotiella, mientras que en Zugarramurdi decenas de personas fueron enjuiciadas por el tribunal de la Santa Inquisición de Logroño y acusadas de brujería. Las korrigans bretonas se reunían a bailar en los «círculos de las hadas o corros de las brujas», formados habitualmente por anillos de setas en los prados europeos y que en el Desierto de Namid en Namibia, dan nombre a extrañas calvas circulares de hasta 35 metros de diámetro y rodeadas de vegetación. Estos patrones circulares africanos han sido explicados con base a la acción combinada de las dos teorías más probables, el crecimiento autorregulado de las plantas, y la acción de termitas del género *Psammotermes*.

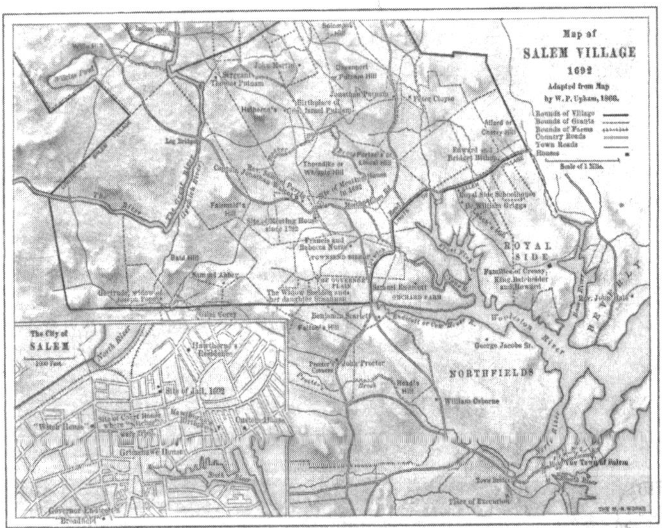

MAP OF SALEM VILLAGE, 1692

Mapa del pueblo de Salem en 1692. El mapa fue publicado por Burrows Bros., Ohio, ca. En 1904 (Boston Public Library, Massachusetts, USA). La Colonia de Salem fue fundada en 1626 por Roger Conant, un puritano que llegó a la Colonia Plymouth desde Londres en 1623. Dada su cercanía al mar y relativa properidad portuaria, el bacalao salado fue el alimento básico de los pobladores de Salem durante los primeros años de asentamiento.

Los «corros de las brujas» no es el único término que vincula a las brujas con las plantas o la botánica en general, ya que una de las enfermedades más aparentes que sufren algunas plantas leñosas se denomina síndrome escoba de bruja. Este síndrome puede ser provocado por diferentes organismos que incluyen entre otros a hongos, oomicetos, nematodos o principalmente bacterias del tipo phytoplasma. La enfermedad provoca en el árbol modificaciones y deformaciones que finalizan en una estructura parecida a un nido de ave o a una escoba. Los phytoplasmas también pueden originar en las plantas otros tipos de síntomas no deseados como el *phyllody*, que consiste en una metamorfosis retrógrada de los órganos florales a la condición de hojas, o la *virescencia* que colorea de verde las partes no verdes de las flores, por lo que la acción de estas bacterias es económicamente devastadora, ya que puede afectar a cultivos de gran interés como el cacao (*Theobroma cacao*). Sin embargo, el síndrome escoba de bruja no siempre es perjudicial, y en algunas ocasiones puede producir cambios fascinantes. Este es el caso de la *Picea orientalis* «Tom Thumb Gold». Se trata de una conífera enana seleccionada, con minúsculas y preciosas agujas de color dorado, originada por una escoba de bruja y descubierta por Joel W. Spingarn en un espécimen de jardín de *Picea orientalis* Skylands en Nyack (Rockland, Nueva York). El sobrenombre con el que se ha apodado a la picea enana no es casual. Tom Thumb es el nombre en inglés del personaje del cuento tradicional *Pulgarcito*. También fue el nombre artístico de Charles Sherwood Stratton, más conocido como el General Tom Thumb. Sherwood fue un artista estadounidense nacido en 1838 que padecía enanismo y que utilizó su enfermedad para triunfar en teatros y espectáculos de rarezas.

En realidad, la aparición de la figura de la bruja data de miles de años, aunque ha mantenido periodos de esplendor. Así, el Medievo propició que las calumnias y relatos de brujas circularan desbocados, hasta que el papa Juan XXII, a través de una bula pontificia, comenzó en 1326 una encolerizada persecución a las brujas que se extendió cerca de cuatro siglos. En este periodo, proliferaron numerosos escritos tendentes a justificar el acoso y ejecución de brujas, siendo el *Malleus Maleficarum* o *Martillo de las Brujas*, el tratado más importante y de mayor impacto en los juicios contra las brujas. Durante decenas de lustros, el empleo de objetos misteriosos, el manejo de conjuros y sortilegios y la superchería se instalaron en urbes y villas, gangrenando el espíritu de la población. De hecho, a principios del siglo XVII, uno de los momentos cumbre de la caza de brujas en Europa, Shakespeare plasmó en su obra *Macbeth* el mercadeo y abuso de plantas mágicas que nublaban la mente cuando en uno de los textos pregunta: «¿No habremos comido la raíz de la locura, que hace prisionera a la razón?».

Es probable que William Shakespeare se refiriera a la mandrágora, a la que Nicolás Maquiavelo dedicó una comedia, Dioscórides en su obra *De Materia Médica* la describió como anestésico, y J. K. Rowling le concedió un papel protagonista en la clase de Herbología de los alumnos de Hogwarts en la saga de Harry Potter. Una vez más, la relación entre la botánica y las brujas es evidente, persistente y convulsa a lo largo de la historia. No solo la Mandrágora (*Mandragora autumnalis*) ha formado parte del recetario nigromántico, sino que también otras solanáceas como el Beleño (*Hyoscyamus niger*), la Belladona (*Atropa belladona*), y el Estramonio (*Datura stramonium*), han constituido artículos básicos a los que se aferraban las hechiceras para destilar pócimas, o establecer encantamientos de dudoso efecto. El beleño negro, hasta su prohibición, decretada por Guillermo IV de Baviera el 23 de abril de 1516 mediante la promulgación de la Ley de la pureza, era empleado por los pueblos germánicos para aumentar el efecto embriagador de la cerveza, y junto con el estramonio o la belladona era manejado con asiduidad por las brujas para obtener filtros de amor, cargados de alcaloides tropánicos, que permitían anular la voluntad y retener a la persona deseada. Entre los alcaloides principales se encontraba la escopolamina, ingrediente primordial de la droga burundanga.

A pesar de las numerosas y reiterativas persecuciones a las que se vieron sometidas las supuestas brujas, hubo momentos extremadamente significativos. Uno de esos momentos álgidos de la caza de brujas lo constituyeron los juicios de Salem. Salem es una ciudad ubicada en el condado de Essex de Massachusetts. Entre febrero de 1692 y mayo de 1693 se produjeron en esta localidad una serie de audiencias locales y procesos judiciales formales relacionados con la práctica de la brujería. A finales de diciembre de 1691, ocho niñas, entre las que se encontraba Abigail Williams de 11 años de edad y sobrina del puritano reverendo Samuel Parris, fueron afligidas por afecciones desconocidas. Los síntomas se manifestaban como desórdenes en el habla y la postura, gestos extraños y ataques convulsivos. Un médico sugirió que las chicas podrían haber sido hechizadas. Un vecino de Salem pidió a Tituba, la esclava caribeña de Parris de la cual sospechaba, que cocinara un «pastel de bruja» hecho con grano de centeno y orina de perro, para determinar si la brujería estaba presente. Poco después, las niñas sugestionadas por las seductoras historias de vudú que Tituba y su marido John Indian les habían relatado, acusaron de brujería a Tituba y a otras dos mujeres, Sarah Good y Sarah Osborn. Tituba fue la primera mujer de Salem tildada de bruja, convirtiéndose en «la bruja negra de Salem». Las aflicciones de las niñas no cesaron y las acusaciones continuaron. El viaje hacia la horca, de las cada vez más numerosas acusadas, comenzó en la primavera de 1692 pero Tituba no estuvo entre ellas. El sitio elegido fue Proctor´s Ledge o colina de las brujas en Salem. La funesta marcha terminó en septiembre de 1692, con 19 personas condenadas, sentenciadas y ejecutadas en la horca. Los juicios terminaron con el fallecimiento de al menos 25 personas, 19 fueron ahorcadas, 5 murieron en prisión y otra fue lapidada. La pesadilla no cesó hasta que en la primavera de 1693, el gobernador Phipps emitió un indulto general para las 150 personas inocentes encarceladas.

Fotografía grupal en la que aparecen, de izquierda a derecha, Commodore Nutt, Miss Lavinia Warren, The Giant y Charles Sherwood Stratton (General Tom Thumb). Todos ellos fueron contratados por el empresario Phineas Taylor Barnum para participar en sus espectáculos de rarezas. Stratton media 89 cm, Lavinia tenía una estatura de 81 cm y Commodore Nutt de 76 cm. Stratton y Lavinia contrajeron matrimonio el 10 de febrero de 1863 en una ceremonia multitudinaria que fue considerada un gran evento social y acaparó las portadas de los periódicos neoyorkinos. (Library of Congress, Washington, D. C., USA).

Se han barajado diversas conjeturas para explicar los acontecimientos ocurridos en Salem. Algunas como la histeria colectiva, el fraude o los desórdenes psiquiátricos han sido desestimadas. Sin embargo, una de las hipótesis ha prevalecido. Las niñas sufrían ergotismo. El ergotismo provoca alucinaciones, convulsiones, espasmos, vómitos, psicosis o parestesias. Los síntomas que manifestaban las afectadas eran atribuidos a un componente demoníaco, pero en realidad, se asemejan a los del ergotismo convulsivo, y son ocasionados por la ingesta de alcaloides producidos por el hongo *Claviceps purpurea.* Este hongo, conocido popularmente como cornezuelo o ergot, infecta gran variedad de cereales entre los que destaca el centeno.

El centeno era un cultivo bien establecido en la Nueva Inglaterra del siglo XVII, y se consumía con frecuencia en Salem. Las condiciones meteorológicas desfavorables de los meses previos a la aparición de los síntomas, propiciaron una proliferación inusual del hongo y el fracaso de la cosecha, lo que obligó a los habitantes de Salem a consumir, en mayor o menor grado, centeno contaminado por cornezuelo. Los afligidos no eran aleatorios y vivían en la ciudad a lo largo de las rutas de abastecimiento de centeno. Los animales también se vieron afectados al pastorear gramíneas infectadas.

Dos de los alcaloides principales que produce el ergot son la ergometrina y la ergotamina. El envenenamiento con la ergometrina y la ergotamina del cornezuelo del centeno puede provocar alucinaciones y convulsiones, que en Salem se relacionaron con prácticas de brujas y posesiones diabólicas. Estas sustancias son especialmente activas como vasoconstrictoras de las arterias, por lo que pueden provocar necrosis de los tejidos y aparición de gangrena en las extremidades.

La intoxicación por consumo de cereales infectados por cornezuelo era tan frecuente en la Edad Media, que se crearon hospitales donde los frailes de la Orden de San Antonio se dedicaban en exclusiva a cuidar de los enfermos de ergotismo, por lo que la enfermedad empezó a conocerse coloquialmente como «fuego de San Antonio» o «fuego de San Antón» y era considerada un castigo divino. Se creía que el fuego divino atormentaba a los enfermos con una llama invisible que ardía dentro de su cuerpo. El único remedio conocido durante la Edad Media para combatir el fuego de San Antón era acudir en peregrinación a Santiago de Compostela para pedir ayuda al apóstol. Una gran parte de los peregrinos afectados procedía del centro y norte de Europa, donde era habitual el consumo de pan de centeno. Las condiciones climáticas de esas regiones provocaban que el centeno fuera infectado por el hongo y que se obtuviera harina contaminada con ergot. Es probable que uno de los reyes noruegos, Magnus Haraldsson, muriera de ergotismo en 1069, a la edad de 20 años. Sin embargo, en la península ibérica, el trigo era más cultivado que el centeno. Así, los peregrinos afectados mejoraban con el cuidado de los frailes antonianos, que tenían conventos y hospitales cercanos al Camino de Santiago, y que proporcionaban a los caminantes pan de trigo no contaminado.

El impacto que ha tenido el consumo de centeno contaminado sobre las poblaciones humanas durante épocas concretas ha sido elevado. Sin embargo, la relación parasítica entre el hongo y las gramíneas es anterior a nuestra existencia como especie en el planeta. A finales del año 2015, se publicó una investigación que establecía la presencia, dentro de un pedazo de ámbar, de un hongo clavicipital infectando una gramínea. Este ámbar se originó en el periodo Cretácico Temprano y Medio, una época dominada por los dinosaurios. La maravillosa cápsula del tiempo en forma de ámbar fósil fue encontrada en Myanmar, y mantiene prisionera a una hierba infectada por un hongo similar al género *Claviceps*. El hongo ha sido descrito como *Palaeoclaviceps parasiticus*. Se caracteriza por presentar una morfología muy similar a las especies del género *Claviceps* que causan el ergot. *Palaeoclaviceps* tiene capacidad para infectar pastos.

Se han encontrado restos de hierba en coprolitos originados por saurópodos que eran los dinosaurios herbívoros dominantes en el Cretácico. Así, la presencia de este hongo en el pasto, pudo provocar, hace 140 millones de años, la aparición en estos animales de síntomas similares a los que produce el ergotismo.

FARMACIA DE COSTAS

Sombrerería, 5.—VALENCIA

Ergotina Costas, segun el difunto Bonjean en botes de 30 gramos sellados y rubricados		12 Reales.
Emulsion Costas de aceite de hígado de bacalao puro con hipofosfitos de cal y de sosa.	Frasco	6 "
Licor brea Costas con sábia de pino y bálsamo tolú . .	id.	6 "
Sedlitz granular Costas	id.	6 "

Grageas y gránulos dosimétricos de cuantas sustancias sean susceptibles de granulacion, al peso y en tubos.

Aviso de la Farmacia valenciana Costas, en el que anuncia la venta de grageas de ergotina fabricadas según la receta de Joseph Louis Bonjean. El anuncio fue publicado en febrero de 1885 en el Boletín Farmacéutico de la Sociedad Farmacéutica Española.

No hay duda, que la alteración mental es una característica frecuente del ergotismo y está relacionada con los alcaloides que produce el hongo. En 1938, Albert Hofmann sintetizó la droga psicodélica LSD a partir de la ergotamina producida por el cornezuelo del centeno. Los alcaloides del ergot son derivados de la molécula del ácido lisérgico y, por lo tanto, algunas alucinaciones provocadas por el cornezuelo de centeno pueden ser similares a las experimentadas después de la ingestión de la dietilamida del ácido lisérgico (LSD), especialmente las relacionadas con las percepciones de colores brillantes, alucinaciones, cambios en el espacio y ataques de animales o seres extraños y peligrosos.

Los estudios científicos realizados durante el siglo XIX, permitieron dilucidar el papel farmacológico que podrían tener los alcaloides producidos por el cornezuelo, y el hongo se convirtió en objeto de comercio para la obtención de productos farmacéuticos.

Debido a sus características vasoconstrictoras, la ergotina se convirtió en el fármaco favorito para detener la hemorragia postparto y fue utilizada durante décadas como un remedio para la migraña. El botánico francés Joseph Louis Bonjean fue de los primeros que fabricó y comercializó la ergotina. Lo hizo en forma de grageas de ergotina y su éxito fue rotundo, hasta el punto de ser premiadas con una medalla de oro por la Sociedad Farmacéutica de París. En el siglo XX, el cornezuelo se convirtió en un negocio muy rentable. Rusia era el mayor productor y exportador de cornezuelo a nivel mundial, pero el producido en el noroeste de España, principalmente Galicia, era más solicitado por su alta calidad. La demanda ocasionó que en Galicia se viviera una auténtica fiebre del cornezuelo, comparable a la fiebre del oro que sufrió California entre 1848 y 1855 o a la propia fiebre del wolframio que sufrió Galicia durante la Segunda Guerra Mundial. El wolframio fue utilizado por el régimen nazi para acorazar y endurecer las armas de combate. El mayor productor de este metal era China pero cuando Alemania atacó Rusia, se cerró la principal ruta de suministro. La atención se centró en los ricos yacimientos de este metal que existían en Galicia, convirtiendo a las minas gallegas en enclaves estratégicos de primer orden. La zona salmantina de Barruecopardo fue otro de los enclaves de interés para el suministro del metal. La cercanía de estas regiones a la frontera de Portugal provocó un floreciente negocio de contrabando de wolframio. El metal era suministrado en función del precio y la demanda e independientemente del bando que lo requiriera.

Obra titulada *Examinación de la bruja*, pintada por Tompkins Harrison Matteson (1813-1884). El 5 de diciembre de 1484, el Papa Inocencio VIII, decretó la bula *Summis desiderantes affectibus*, en la que se reconocía la existencia de brujas, derogando así el *Canon episcopi*, un documento eclesiástico del siglo X que negaba la existencia de las brujas, por lo que, la mera creencia en ellas constituía una herejía.

Tras la guerra, la fiebre por el wolframio se diluyó pero la del cornezuelo permaneció impasible. A pesar que la guerra civil española paralizó la producción de cornezuelo, durante esa época surgieron en Galicia importantes empresas químico-farmacéuticas que empezaron a fabricar alcaloides a partir del cornezuelo del centeno. La principal fue el Instituto Bioquímico Miguel Servet S.L., de Vigo creado en 1936. La escisión posterior del laboratorio Miguel Servet, dio lugar a la creación, en 1939 de la empresa Zeltia, cuyo objetivo inicial era la explotación farmacéutica de la flora medicinal de nuestro país y el aprovechamiento de los productos procedentes de glándulas de animales. Con el tiempo, Zeltia se convirtió en un grupo empresarial compuesto por empresas enfocadas a diferentes sectores. Una de esas empresas es PharmaMar, S.A. dedicada a la búsqueda de fármacos antitumorales de origen marino. Fruto de su actividad, PharmaMar desarrolló un fármaco denominado Yondelis que, en julio de 2007, obtuvo el visto bueno de la Agencia Europea del Medicamento para su comercialización contra el sarcoma de tejidos blandos. Yondelis fue el primer fármaco antitumoral desarrollado por el grupo Zeltia y el primero desarrollado en España. El principio activo del Yondelis es la trabectedina, también conocida como ecteinascidina 743 o ET-743. El ET-743 fue uno de los metabolitos obtenidos de los 1969 extractos acuosos originados a partir del tunicado marino *Ecteinascidia turbinata.* La trabectedina es una ecteinascidina, que son un conjunto de sustancias únicas y cuyo mecanismo de acción difiere de los que se conocían hasta la fecha. Sin embargo, todavía nos quedaba por descubrir una sorpresa. *Ecteinascidia turbinata* no es el productor de la trabectedina. Escondida en el cuerpo del animal, como una diminuta matrioska, habita una bacteria endosimbionte denominada *Candidatus Endoecteinascidia frumentensis.* Este esquivo microorganismo es el verdadero responsable de biosintetizar el ET-743.

El cornezuelo del centeno ha sido sinónimo de desgracia pero también de riqueza. Galicia es un ejemplo de esta dicotomía, una región que durante décadas se benefició del comercio del ergot, pero que también fue intensamente afectada por las intoxicaciones que provoca. Quizás, el profundo nexo entre Galicia y el cornezuelo del centeno, va ligado a la antigua tradición de la existencia de brujas gallegas, cuya referencia más antigua data de finales del siglo XIII y es que como se recuerda por tierras gallegas, «*Eu non creo nas meigas, mais habelas, hainas*» (Yo no creo en las meigas, pero haberlas, las hay).

Imagen del cuadro *El aquelarre. El sábado de las brujas*, pintura realizada por Francisco de Goya entre 1797 y 1798. Esta obra, junto con *Vuelo de brujas, El conjuro, La cocina de los brujos, El hechizado por la fuerza* y *El convidado de piedra*, forma parte de una serie de cuadros que Goya realizó con temática vinculada a la brujería. Algunas de estas pinturas estaban destinadas a ocupar un lugar privilegiado en el palacio de recreo que los Duques de Osuna tenían en la finca de Alameda de Osuna y que fue utilizada para crear el Parque del Capricho, al noroeste de la ciudad de Madrid.

PARA SABER MÁS:

- Poinar G. (2015). One hundred million year old ergot: psychotropic compounds in the Cretaceous?. *Palaeodiversity* 8: 13-19.

- Young C. A. (2015). Genetics, Genomics and Evolution of Ergot Alkaloid Diversity. *Toxins* 7: 1273-1302.
- Woolf A. (2000). Witchcraft or Mycotoxin? The Salem Witch Trials. *Clinical Toxicology* 38(4): 457-460.

El negocio de aire

El 22 de noviembre de 1559, Felipe II de España promulgó una pragmática por la que prohibió a sus súbditos estudiar en las universidades extranjeras, exceptuando algunas universidades italianas, las de la Corona de Aragón y la de Coimbra. Esta actuación se interpretó en algunos casos, como un ataque directo a la Universidad de Lovaina, una de las más antiguas de Europa y en la que habían trabajado personalidades históricas como el humanista y teólogo Erasmo de Róterdam o el geógrafo flamenco Gerard Kremer, más conocido como Gerardus Mercator y famoso por idear la Proyección Mercator que ha sido utilizada durante siglos en las proyecciones cartográficas. En el siglo XX, la Universidad Católica de Lovaina fue el centro de trabajo de Monseñor Georges Henri Joseph Édouard Lemaître, un sacerdote y astrónomo belga pionero en la teoría de la expansión del universo y promulgador de la hipótesis del átomo primigenio o hipótesis del huevo cósmico que posteriormente se conocería como la teoría del Big Bang del origen del universo.

En 1559, la Universidad de Lovaina estaba encuadrada en el ducado de Bramante, una de los 17 territorios que conformaban los Países Bajos de los Habsburgo y que estaban gobernados por Felipe II desde que su padre, el emperador

Carlos V, el 25 de octubre de 1555, renunciase en su favor a la jefatura de la Orden del Toisón de Oro, el ducado de Borgoña y por tanto, a los 17 territorios de los Países Bajos.

Carolus Clusius (1526-1609) pintado en 1585. Es considerado uno de los botánicos más influyentes del Renacimiento Europeo. Entre sus obras destacan el *Rariorum aliquot stirpium per Hispanias observatarum historia* (1576) y el *Rariorum stirpium per Pannonias observatorum Historiae* (1583), en los que se recogen la flora española y la flora alpina de Austria y Hungría.

Las relaciones políticas eran difíciles y pronto condujeron a un enfrentamiento con la Corona española y a una rebelión encabezada por Guillermo de Orange-Nassau, que desembocó en la Guerra de los 80 años. Entre los colores del escudo de armas de Guillermo de Orange destacaba el naranja. En estos colores se basó la Prinsenvlag, una bandera de origen neerlandés que fue adoptada por la Compañía Neerlandesa de las Indias Orientales, la cual mantuvo el monopolio de las actividades coloniales en Asia durante décadas, erigiéndose como la primera corporación multinacional en el mundo. Pronto, el color naranja se convirtió en un símbolo de la lucha contra los españoles, y en homenaje a la Casa Real Orange-Nassau, horticultores neerlandeses realizaron cruces deliberados para crear zanahorias de color naranja, las cuales no existían hasta entonces, y que se convirtieron en una insignia contra la ocupación española. De hecho, lo habitual era sembrar zanahorias blancas o moradas, pero las naranjas enseguida tomaron gran notoriedad.

El comercio de distintas zanahorias en aquellos años, queda reflejado en la obra *El vendedor de hortalizas* pintada en 1567 por Pieter Aertsen, un pintor de elevada estatura conocido como Lange Pier (Pedrito el Largo) y que influyó en la obra temprana de Diego Velázquez. En su lienzo, Aertsen muestra un típico mercado de la época, en el que conviven zanahorias de color blanco, morado y naranja. Estudios recientes apuntan que los horticultores holandeses de los siglos XVI y XVII podrían haber seleccionado indirectamente el alelo Y2 del cromosoma 7 de las zanahorias, lo que les encaminó a obtener las variedades naranjas de zanahoria. Actualmente, todas las variedades modernas de zanahorias naranjas descienden de los cultivares que desarrollaron los holandeses, entre los que destaca el cultivar Long Orange Dutch.

Mientras la rebelión se fraguaba, en el mismo año 1559, el tulipán, una extraña flor procedente de Turquía, fue introducida en los Países Bajos. La flor hermosa y rara, era demandada en los jardines más elegantes, e inmediatamente se con-

Acuarela anónima del siglo XVII de la variedad *Semper Augustus*. La obra pertenece a la Norton Simon Art Foundation. La fundación fue creada por el empresario Norton Simon en 1952 y en la actualidad cuenta con importantes obras de Zurbarán, Rembrandt, Renoir o Picasso entre otros. Simon creó la empresa alimentaria Val Vita Food Products que, en 1943 adquirió la compañía *Hunt's* originando la nueva compañía Hunt Food and Industries, Inc. La empresa se especializó en productos enlatados de tomate, salsa de tomate y kétchup. La agresiva campaña publicitaria que Simon realizó de sus productos durante y después de la Segunda Guerra Mundial, le permitió ser líder del mercado, y que su eslogan «Hunt for the best», estuviera presente en todos los hogares estadounidenses.

virtió en un símbolo de ostentación y riqueza. En 1593 el botánico Carolus Clusius llegó a Leiden como prefecto del *Hortus Botanicus de Leiden*, el jardín botánico más antiguo de Holanda, y allí comenzó a cultivar tulipanes lo que generó un gran entusiasmo.

Del mismo modo, la actividad comercial de la Compañía Neerlandesa de las Indias Orientales estimuló el gusto por las flores exóticas a principios del siglo XVII. La pasión por los tulipanes era desmedida. Rembrandt en su obra *La lección de anatomía del Dr. Nicolaes Tulp* pintada en 1632 muestra la lección de anatomía impartida por el doctor Nicolaes Tulp a un grupo de cirujanos. Curiosamente, el verdadero apellido del doctor era Pieterszoon, pero adoptó el apellido de Tulp para demostrar su devoción por los tulipanes. El arenoso suelo holandés resultó ser ideal para el cultivo del tulipán y comenzaron a surgir variedades de apariencia desconocida, algunas de ellas de aspecto multicolor e imagen irrepetible, pues la variedad tendía a perderse con el paso de las generaciones.

La rotura de colores en los tulipanes, que los convertía de monocromos a multicolores formando dibujos intrincados, arabescos o flamígeros, era impredecible y desconocida por los floricultores del siglo XVII, por lo que el proceso era aleatorio e incontrolable, lo que contribuyó a elevar progresivamente el precio de cada bulbo. En 1623 el precio de un único bulbo de las nuevas variedades superaba los 1000 florines, mientras que el salario anual de un artesano apenas superaba los 200 florines. El tulipán más demandado era el *Semper augustus* del que aparentemente solo existieron 12 bulbos y que alcanzaron un valor en el mercado de 13.000 florines, el precio equivalente a 50 cerdos o a 130 toneladas de mantequilla. En 1637, un único bulbo de *Semper augustus* alcanzó el valor de 5500 florines. Otras de las variedades que alcanzaban precios desorbitados en el mercado eran la *Almirante Liefkens*, la *Almirante van der Eyck*, la *Witte Croonen* o la *Gouda*. Muchos invertían cuanto tenían en el negocio especulativo de los tulipanes, creando incluso un mercado de futuros a partir de cosechas de bulbos que todavía no habían sido recolectadas. La población se endeudaba e hipotecaba con el único fin de adquirir bulbos de tulipán, creando una gran especulación financiera. El fenómeno fue conocido como *windhandel* (negocio de aire) y constituyó la primera gran burbuja económica de la historia.

Alejandro Dumas en 1855. La adaptación musical de la novela *El Tulipan negro*, fue escrita en 2004 por Kit Goldstein y estrenada en 2005 en la Union College, una universidad privada de artes liberales ubicada en Nueva York y fundada en 1795.

Entre el otoño e invierno de 1636 y principios de 1637, los precios de los contratos de compra-venta de tulipanes aumentaron 20 veces, hasta que la especulación de los tulipanes colapsó el 5 de febrero de 1637. Aquel día, fue la última gran venta de tulipanes, 99 bulbos por 90.000 florines. Al día siguiente los precios se desplomaron. Se produjo una suspensión general de los acuerdos vencidos. El 24 de febrero de 1637, los delegados de los floristas reunidos en Amsterdam propusieron que las ventas de tulipanes contratados el 30 de noviembre de 1636, o antes, se ejecutasen y que para los contratos posteriores el comprador tuviera derecho a rechazar el trato mediante el pago del 10% del precio de venta al vendedor. El pánico cabalgó desbocado en el corazón de los inversores. Desde febrero de 1637 hasta 1642 el precio se depreció a una tasa anual del 76%. Esta situación golpeó a todas las clases sociales que sufrían impotentes la imposibilidad de hacer frente a los contratos, por lo que empezaron a sucederse las bancarrotas, lo que dirigió irremediablemente a la economía neerlandesa a la quiebra.

En la obra alegórica *El vagón de los locos de la flora*, el pintor barroco holandés Hendrik Gerritsz Pot, representó en 1637 a la reina Flora sosteniendo un ramillete de tulipanes *Semper augustus* mientras se encontraba sentada en un sitial ubicado en lo alto de un carro que es perseguido por una multitud. Así, Gerritsz que vivió y pintó en Haarlem, centro neurálgico de la compra-venta de tulipanes, pretendió simbolizar la loca Tulipomanía que vivió el pueblo neerlandés a principios del siglo XVII. En el ámbito literario, Alejandro Dumas ambientó su novela *El tulipán negro* dentro de la atmósfera tulipomaníaca que se extendió por Holanda en el siglo XVII. En la obra, la Sociedad Hortícola de Haarlem ofrece una recompensa de 100.000 florines a quien logre obtener el preciado tulipán negro.

Ya fuera el *Semper augustus* o el ficticio tulipán negro, la efímera vida de los nuevos tulipanes fue advertida por Carolus Clusius en 1585. Desde entonces, se dio cuenta de que el patrón de colores rotos de las flores se degeneraba lentamente y llegó a sentenciar: «cualquier tulipán que cambie así su color original, es generalmente arruinado al poco tiempo y por lo tanto solo quería deleitar los ojos de su amo con esta variedad de colores antes de morir, como para darle un último adiós». Algunos experimentos en 1637 demostraron que el rasgo podría transmitirse desde bulbos de tulipanes abigarrados a bulbos de tulipanes de color uniforme, pero la causa era desconocida. Hasta 1919 no se descubrió la razón por la que aparecieron las nuevas variedades de tulipanes. En realidad, el efecto azaroso multicolor que aparecía en los pétalos de los tulipanes era debido a un pulgón que transmite un virus conocido como *Tulip Breaking Potyvirus* (TBV). En 1927 se demostró que los virus podían transmitirse a través de la savia de las plantas. El *Tulip Breaking Potyvirus* junto con el *Tulip Top Breaking Virus* (TTBV), el *Tulip Band Breaking Virus* (TBBV), el *Rembrandt Tulip Breaking Virus* (ReTBV) y el *Lily Mottle Virus* (LMoV) conforman los cinco virus de plantas de la familia Potyviridae que causan la rotura de color de las flores de tulipán. Los vectores áfidos que transmiten estos virus pertenecen a diferentes especies como son el pulgón del melocotonero (*Myzus persicae*), el pulgón del algodonero (*Aphis gossypii*), el pulgón del haba (*Aphis fabae*), el pulgón verde de la patata (*Macrosiphum euphorbiae*) o el pulgón del tulipán (*Dysaphis tulipae*) entre otros. La variación de color es causada porque el virus provoca la redistribución irregular de la antocianina en los pétalos, lo que origina zonas de desvanecimiento, intensificación o sobreacumulación de pigmentos.

A pesar que el mecanismo exacto por el que el virus afecta a la ruta de las antocianinas no se ha dilucidado, parece factible que intervengan fenómenos de silenciamiento de genes. Estos virus infectan solo tulipanes y lirios y fueron los responsables de causar la tulipomanía del siglo XVII en los Países Bajos. Estudios recientes, apoyan la hipótesis de que el virus del mosaico del narciso es el responsable de la rotura de color en algunas flores de narciso, creando especímenes raros y apreciados. En este caso, la rotura de color es debida a cambios en los niveles de carotenoides, unos pigmentos liposolubles que, a diferencia de las antocianinas, se acumulan en los cromoplastos de las células.

Hoy en día, las flores afectadas por los potyvirus se consideran indeseables, ya que la infección viral a menudo conduce a la reducción de la salud y el vigor de la planta, debilita el bulbo, retarda la propagación de la planta y a medida que progresa a través de cada generación, el bulbo crece atrofiado y débil, lo que acarrea grandes pérdidas económicas para la industria de flor ornamental. Existen pocos ejemplos de variedades de color roto que hayan perdurado, la más emblemática es la variedad *Absalon*, un tulipán que muestra llamas doradas sobre un fondo marrón chocolate oscuro. Para preservar el contenido genético de los diversos cultivares que han surgido a lo largo de los siglos, la Fundación Hortus Bulborum en Limmen conserva variedades históricas de cultivos de bulbos que comprenden más de 2000 tipos de tulipanes y 800 tipos de narcisos. El tulipán más antiguo de la colección es el *Duc van Tol Red and Yellow* que data de 1595, mientras que la variedad de narciso cultivado más antigua, el doble *Kamper Elle*, también conocido como *Alba Odorus Plenus* se conoce desde 1602.

Sin duda, el *boom* de la tulipomanía nos recuerda al *boom* inmobiliario y bursátil de mediados de la década de 2000, y el colapso financiero y la recesión que siguió. Una vez más, si olvidamos o ignoramos los fracasos de los pueblos a lo largo de la historia, más tarde o más temprano, estamos condenados a repetirlos.

PARA SABER MÁS:

- Hunter D. A. (2011). Colour break in reverse bicolour daffodils is associated with the presence of *Narcissus mosaic virus*. Virology Journal 8: 412.
- McClure J. E. (2017). Explaining the timing of tulipmania's

boom and bust: historical context, sequestered capital and market signals. *Financial History Review* 24 (2): 121-141.

- Lesnaw J.A. (2000). Tulip breaking: Past, present, and future. *Plant Disease* 84 (10): 1052-1060.
- Thompson E. A. (2006). The tulipmania: Fact or artifact?. *Public Choice* 130: 99-114.
- Vergauwen D. (2016). Down the Rabbit Hole-Carrots, Genetics and Art. *Trends in Plant Science.* (11): 895-898.

Fordlandia

Henry Ford fue uno de los empresarios más poderosos e influyentes de principios del siglo XX. En 1903 fundó la compañía Ford Motor Company y popularizó un método innovador en la fabricación de automóviles, consiguiendo manufacturar a bajo costo un gran número de unidades mediante la producción en cadena. Este método basado en una cadena de montaje o una única línea de ensamblado, en la que cada trabajador tiene una tarea específica y especializada, revolucionó la industria automovilística. Ford asimiló el método que unos años antes había ideado Ransom Olds, basándose en las ideas tayloristas de organización en el trabajo. Aplicando este método, Olds había conseguido construir por 650 dólares el Curved Dash, el primer automóvil de la historia producido en serie. Ford no lo dudó, copió y mejoró el proceso. La introducción de cintas transportadoras y la optimización de las rutinas de producción en su fábrica, redujo en un 90% el tiempo necesario para producir un nuevo automóvil, lo que fomentó la drástica reducción del precio final por unidad.

En 1908 la compañía empezó a producir el Ford Modelo T, coloquialmente conocido como Tin Lizzie. La emblemática T del icónico modelo, hace referencia al apellido de Frederick Wilson Taylor, un ingeniero mecánico y economista estadounidense que desarrolló una teoría para alcanzar la mayor eficiencia posible en el ambiente laboral. El Ford T poseía un motor de 20 CV, alcanzaba una velocidad máxima de 71 km/h y tenía un precio significativamente más barato que el de sus competidores. La producción fue masiva. Se fabricaron miles de automóviles. Todos clónicos, de color negro y con el mismo interior. Henry Ford no lo concebía de otra forma, llegó a afirmar que sus clientes podían elegir el automóvil del color que desearan, siempre y cuando ese color fuera el negro. En 1920, la producción de la Ford Motor Company representaba más de la mitad de la producción mundial de automóviles. El Ford T se convirtió en una estrella cinematográfica, apareciendo en algunos cortometrajes de Buster Keaton y erigiéndose como protagonista de divertidas persecuciones policíacas y accidentes descacharrantes en varias películas de los cómicos Stan Lauren y Oliver Hardy. La popularidad del Ford T era imparable, todo el mundo quería uno.

El éxito de la compañía provocó que diversificara sus actividades y entrase en el negocio de la aviación durante la Primera Guerra Mundial. Tras la guerra, comenzó a fabricar el Ford Trimotor, un avión apodado «tin goose» (ganso de hojalata), que estaba fabricado con una aleación anticorrosiva de aluminio denominada Alclad, y que fue muy popular en las fuerzas armadas de varios países.

Sin embargo, el sector lucrativo principal de la compañía continuaba siendo el automovilístico. El miedo de Henry Ford a perder el control sobre la gigantesca producción de automóviles que mantenía su compañía hizo que centrase sus esfuerzos en lograr la autosuficiencia de materiales para construir sus preciados automóviles, disminuyendo o eliminando completamente la dependencia de proveedores externos. A mediados de la década de 1920, solo había un recurso esencial que Ford no poseía, el caucho natural con el que fabricar sus neumáticos.

El caucho natural solo podía ser cosechado de unas pocas plantas, siendo la especie *Hevea brasilensis* la más productiva de todas. Esta especie euforbiácea es conocida como árbol del caucho o seringueira, y hasta los 25 años de edad produce un abundante látex blanco-amarillento del cual se fabrica el caucho. El árbol es originario de la cuenca hidrográfica del río Amazonas donde existía en abundancia y exclusividad, hasta que en 1876 el explorador británico *sir* Henry Alexander Wickham robó decenas de miles de semillas en la región de Santarém y las portó de contrabando hasta el Jardín Botánico Real de Kew, desde donde fueron despachadas a las colonias británicas y holandesas en Asia. El árbol, que había sido responsable de las guerras del Acre y Purús, conocidas coloquialmente como la guerra del Caucho entre Bolivia y Brasil, era un recurso estratégico para la economía brasileña, por lo que la acción de Wickham facilitó el control del caucho por británicos y holandeses, arruinando el monopolio y las finanzas brasileñas.

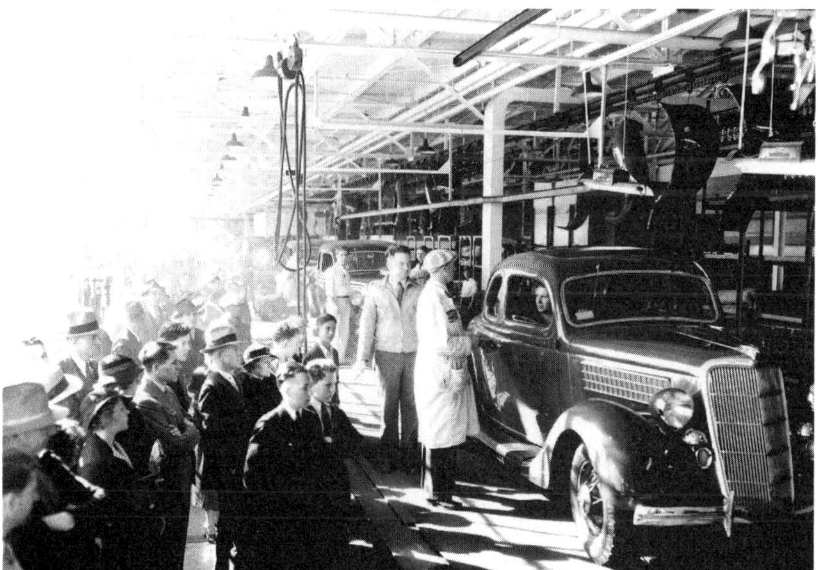

Planta de ensamblaje de Ford Motor Company Long Beach, Edificio de montaje, 700 Henry Ford Avenue, Long Beach, Condado de Los Ángeles, CA. La planta de ensamblaje de Long Beach fue construida entre 1929 y 1930. El objetivo de esta planta era expandir la producción del Modelo A de Ford, que reemplazó al Modelo T en 1927. La planta operó hasta 1958, fue demolida entre octubre de 1990 y enero de 1991. (Library of Congress, Washington, D. C., USA).

Henry Ford (1863-1947) saliendo de la Casa Blanca en 1927. En 1929, Ford aceptó la invitación de Stalin para construir una planta de fabricación de vehículos civiles y militares en Gorki. Como resultado, en 1932 comenzó a operar la compañía de automóviles NNAZ. El primer vehículo de la planta fue el modelo A de Ford pero comercializado con el nombre de NAZ A. Con el tiempo, la NNAZ, se convirtió en el Grupo Gaz, el principal fabricante de vehículos comerciales en Rusia. (Library of Congress, Washington, D. C., USA).

Unos años más tarde, en 1921, Winston Churchill fue nombrado ministro de Ultramar británico y dado que los precios del caucho se habían disparado, desde la Secretaría de Estado británica para las Colonias, el recién nombrado ministro respaldó un plan para regular la producción de caucho crudo, y garantizar así que la oferta no superase la demanda, lo que procuraría cuantiosos dividendos al Gobierno británico. Este propósito espantó a Henry Ford, que divisó un futuro de caucho caro y escaso por lo que, tras un almuerzo con Harvey Samuel Firestone, fundador de la Firestone Tire and Rubber Company, y uno de los primeros fabricantes mundiales de neumáticos de automóvil, decidió frustrar el Cartel del Caucho Británico propuesto por Winston Churchill.

La apuesta de Henry Ford consistió en disminuir la dependencia de las plantaciones británicas y holandesas, estableciendo sus propias plantaciones de caucho en Brasil. En 1927, compró un millón de hectáreas de suelo en plena selva amazónica perteneciente al Estado brasileño de Para, a orillas del río Tapajos, uno de los afluentes del Amazonas. En aquella inmensa parcela de terreno ubicada entre las localidades de Santarem y Belem, Henry Ford diseñó y planificó la construcción de una colonia industrial encargada de explotar 20.000 hectáreas de cultivo del árbol del caucho. El objetivo era que la nueva plantación abasteciera la demanda de caucho de la Ford Motor Company. En 1928 comenzó la urbanización de la población de Fordlandia, el sueño delirante de Henry Ford de crear una ciudad de 50.000 trabajadores en mitad de la selva. Fordlandia era un espejismo. Había sido concebida como una pequeña, bucólica y hogareña ciudad estadounidense. Se construyeron barrios residenciales, jardines, teatros, salones de baile, servicios públicos periféricos, piscinas, hospitales, escuelas y se pavimentaron las calles principales para que circularan una flota de modelos Ford T. Todo parecía perfecto, la educación era gratuita, las casas tenían electricidad y agua corriente, los sueldos eran altos y había tiendas de comestibles, sastrerías, carnicerías, barberías, panaderías e incluso un campo de golf de nueve hoyos. Sin embargo, la utopía duró poco. Los trabajadores estadounidenses enfermaban de malaria, fiebre amarilla, anquilostomiasis y otras afecciones tropicales. Algunos tenían encuentros desafortunados con pitones, caimanes y serpientes venenosas. Muchos morían. Los trabajadores seringueiros brasileños no se adaptaban a los horarios de trabajo, ni a los zapatos que el señor Ford les obligaba a calzar, ni a las casas donde vivían, que habían sido diseñadas por ingenieros de Detroit y estaban construidas con tejados de chapa y ventanas con cristales, que impedían la evacuación del calor provocado por el ardiente sol tropical. Además, Henry Ford intentó imponer sus ideales a los trabajadores de Fordlandia, y los gerentes supervisores de la compañía prohibieron el consumo de alcohol, implantaron una dieta a base de hamburguesas, arroz integral, pan de trigo integral y melocotón en conserva, y promocionaron la participación en actividades de jardinería, baile de salón y lectura de poesía. El amotinamiento y los disturbios no tardaron en producirse. Ford consiguió calmar los ánimos y reconducir la situación, pero un obstáculo definitivo apareció en escena. La plantación no era productiva.

Los trabajadores que Ford había contratado no tenían experiencia en el cultivo del árbol del caucho y habían sembrado semillas de mala calidad. El suelo fértil había sido eliminado en las actividades de desbrozamiento y urbanización del área, y en el espacio destinado para 20 árboles los ingenieros habían plantado una media de 500 individuos, por lo que los árboles no tenían nutrientes ni espacio para desarrollarse. En la plantilla no tenía botánicos, microbiólogos o entomólogos que asesorasen a los supervisores sobre el tratamiento de potenciales infecciones o plagas ni de las condiciones adecuadas de crecimiento para el árbol del caucho. Los problemas se sucedían, pero el hecho final determinante del fracaso de Fordlandia lo tuvo el hongo *Microcyclus ulei*.

Con los árboles debilitados, el hongo apareció en la plantación de Henry Ford y tuvo un efecto devastador. *Microcyclus ulei* causa la caída prematura de las hojas y puede provocar la completa defoliación del árbol, debilitando a la planta y conduciéndola a la muerte, con la consiguiente desaparición de la producción de látex. El hongo es reconocido como la amenaza más seria para la industria del caucho natural en todo el mundo, y actualmente hay estrictas medidas de cuarentena para evitar que se establezca en las áreas paleotropicales de producción de caucho, especialmente en el sureste asiático. El peligro que supone el hongo para la producción mundial de caucho natural, ha hecho que dos especies de plantas, el guayule (*Parthenium argentatum Gray*) y el diente de león ruso (*Taraxacum kok-saghyz*), hayan concentrado una considerable atención como posibles fuentes alternativas de caucho natural.

Vista aérea de la ciudad de Fordlandia.

Extracción de látex.

Ford intentó repetir la experiencia, a una escala más modesta, a unos kilómetros de Fordlandia, en Belterra, pero de nuevo fracasó. El hongo había vencido al hombre más rico del mundo. Además, el control por parte de las potencias del Eje de los suministros de caucho natural durante el desarrollo de la Segunda Guerra Mundial promovió la mejora en la producción de caucho sintético estadounidense. Esta situación, unida a la plantación arruinada y desolada por el hongo, determinó que Henry Ford abandonase el sueño de Fordlandia en 1945, acumulando pérdidas por valor de 200 millones de dólares y sin haber llegado a visitar nunca Brasil.

Henry Ford fue un hombre controvertido, filántropo y mensajero de la paz para algunos, supremacista y abiertamente antisemita para otros. Los conceptos ideológicos que mantenía Henry atrajeron la atención de Adolf Hitler de forma notoria, lo suficiente para que Ford fuera el único estadounidense mencionado por el Führer en su libro *Mein*

Kampf. Sin duda, ambos compartían una incipiente deriva hacia la megalomanía.

PARA SABER MÁS:

-Barkemeyer R. (2012). Fordlandia: Corporate Citizenship or Corporate Colonialism. *Corporate Social Responsibility and Environmental Management* 19: 69-78.

-Grandin G. (2009). Fordlandia: The Rise and Fall of Henry Ford's Forgotten Jungle City. New York: Metropolitan Books.

-Tavares da Hora B. (2014). Erasing the Past: A New Identity for the Damoclean Pathogen Causing South American Leaf Blight of Rubber. *Plos One* 9 (8): e104750.

-van Beilen J.B. (2007). Gunyule and Russian dandelion as alternative sources of natural rubber. *Critical Reviews in Biotechnology* 27 (4): 217-231.

Fotografía tomada en 1942 en el Laboratorio de las Montañas Rocosas en Hamilton, Montana. En la imagen se aprecia como personal del Servicio de Salud Pública de los Estados Unidos de América está cosechando membranas embrionarias de huevos infectados con tifus transmitido por piojos. El primer edificio del Laboratorio de las Montañas Rocosas se completó en 1928, y fue construido como resultado del impacto que causaba la fiebre manchada de las Montañas Rocosas. Uno de los primeros investigadores del laboratorio fue el Dr. Howard Taylor Ricketts, un joven patólogo de la Universidad de Chicago, quien en 1906 demostró que la enfermedad se transmitía por la picadura de la garrapata de la madera de las Montañas Rocosas (*Dermacentor andersoni*). Años más tarde, en 1909, aisló la bacteria responsable de producir la fiebre manchada. Ese organismo más tarde se llamó *Rickettsia rickettsii* en su honor. En 1910, Ricketts viajó a México para estudiar un brote de tifus exantémico. En la primavera de ese año contrajo el tifus y murió en Ciudad de México. Poco después, el austriaco Stanislaus von Prowazek, que dirigía el Instituto de Enfermedades Tropicales de Hamburgo, fue comisionado para el estudio del tifus exantemático en Belgrado y Constantinopla. Stanislaus confirmó los hallazgos preliminares de Ricketts respecto al vector que transmitía el tifus exantémico y el agente causal que lo ocasionaba. Por desgracia, al igual que Ricketts se infectó de tifus y murió en 1915. Un año más tarde, su colega, el patólogo brasileño Henrique da Rocha Lima nombró a la bacteria que ocasiona el tifus exantémico como *Rickettsia prowazekii*, en recuerdo a su amigo fallecido. (Library of Congress, Washington, D. C., USA).

Piojos verdes

Ojos verdes es una obra del poeta y letrista Rafael de León y Arias de Saavedra, VIII marqués del Valle de la Reina, VII marqués del Moscoso y IX conde de Gómara. El poema versa sobre una prostituta que queda prendada de los ojos verdes de un cliente. Ojos verdes como la albahaca, verdes como el trigo verde. La repercusión de la obra fue inusitada. A mediados del siglo XX, la coplista Concha Piquer interpretó este poema, con letra de Rafael de León y del dramaturgo teatral Salvador Valverde y música del compositor Manuel Quiroga, popularizándolo como una de las composiciones más famosas de la canción española. La controvertida letra condujo a una persecución y censura de la canción por parte del régimen gubernamental de la época. Sin embargo, fue imposible parar su éxito y notoriedad. Al mismo tiempo, en aquel periodo, las plagas de piojos eran habituales y arrasaban los colegios y los barrios de cualquier municipio, por lo que el Gobierno lanzó numerosas campañas de erradicación y diversas directrices propagandísticas de buenas prácticas higiénicas para impedir la propagación de los piojos y del tifus exantémico epidémico que transmitían. La incisiva y desmesurada persecución estatal de los piojos y de la canción *Ojos verdes*, en un mismo intervalo temporal, provocó un fenómeno de sincretismo lingüístico en la población, que mezcló ambos conceptos, originado el nuevo término de piojo verde y de enfermedad del piojo verde para referirse al tifus exantémico. Así, durante la posguerra española, los periódicos publicaban airadas notas de prensa sobre el famoso y peligroso piojo verde como la siguiente:

> Como es sabido, el piojo verde y, por tanto, el tifus exantemático, encuentra un auxiliar poderosísimo para su fomentación en la suciedad. Ataca principalmente a los organismos débiles, pero su conducto de difusión radica en la falta de aseo de muchos individuos.

En realidad, los piojos no son verdes y el tifus es provocado por la bacteria *Rickettsia prowazekii*, que es transmitida por el piojo del cuerpo (*Pediculus humanus humanus*) y no por el piojo de la cabeza (*Pediculus humanus capitis*). Los piojos del cuerpo, a diferencia de los de la cabeza, viven en los pliegues y costuras de la ropa. Al igual que los de la cabeza, también se alimentan de la sangre humana, pero depositan sus huevos en la ropa, por lo que las condiciones de hacinamiento y de falta de higiene favorecen su propagación. *Rickettsia prowazekii* sigue siendo un enemigo terrible. La bacteria afecta a decenas de cientos de miles de personas que viven circunstancias desfavorables, como son situaciones de guerra, hambruna, hacinamiento y en condiciones sórdidas asociadas con la marginación social. La tasa de mortalidad fluctúa entre el 10% y el 15%, pero puede alcanzar un 40% en ausencia de tratamiento. Los síntomas varían y pueden incluir dolor de cabeza, escalofríos, fiebre alta, postración, tos, dolor muscular severo y transcurridos de 5 a 6 días una erupción cutánea macular característica.

El principal vector que transporta a la bacteria es el piojo. Este insecto es probablemente uno de los parásitos humanos más antiguos con el que hemos mantenido una asociación coevolutiva desde hace miles de años. Los registros históricos han confirmado, desde hace cientos de años, la existencia de los piojos del cuerpo en zonas europeas, asiáticas, africanas y americanas. De hecho, la Biblia recoge en el Antiguo Testamento las epidemias de piojos que sufría el Antiguo Egipto, y se han encontrado piojos del cuerpo en momias precolombinas y en cuerpos hallados en Groenlandia y datados con una fecha de hace entre 700 y 1000 años. Uno de los primeros registros de esta asociación con los piojos, se remonta 9000 años atrás a la Edad Neolítica, y ha sido obtenido de un individuo que vivía en la cueva Nahal Hemar en Israel. Parece ser, que la comunicación marítima entre los pueblos vikingos de Noruega y Dinamarca con Groenlandia y América del Norte, pudo haber ayudado a difundir los piojos de Europa a América durante la Edad Media. Del mismo modo, existe una teoría que sugiere que el tifus exantémico epidémico surge de la asociación entre piojos del cuerpo de origen europeo, e importados a América por guerreros españoles, y cepas de *Rickettsia prowazekii* originarias de México.

Es evidente, que la incidencia del tifus exantémico ha tenido un papel protagonista en el devenir de eventos particulares de la historia de la humanidad, especialmente en los conflictos bélicos. Durante estos eventos tradicionalmente aparecen situaciones de insalubridad que condicionan la supervivencia de las tropas y que favorecen la proliferación del piojo del cuerpo. Los soldados que son afectados, merman su actividad física y reducen su capacidad de combate, facilitando el avance enemigo o la defensa de las posiciones rivales. Por esta razón, al comienzo de la Segunda Guerra Mundial, se intentaba controlar la indeseable compañía de los piojos con diferentes remedios o productos, ya fuesen con base a aceite crudo mezclado con jabón, dinitroanisol, piretrina o espolvoreando sobre la ropa una mezcla de naftaleno, yodoformo y creosota. Sin embargo, la solución más eficaz fue el uso de DDT. Tras la liberación de Nápoles en octubre de 1943, este pesticida fue utilizado por los aliados para controlar una epidemia de tifus que estalló mientras avanzaban hacia el norte.

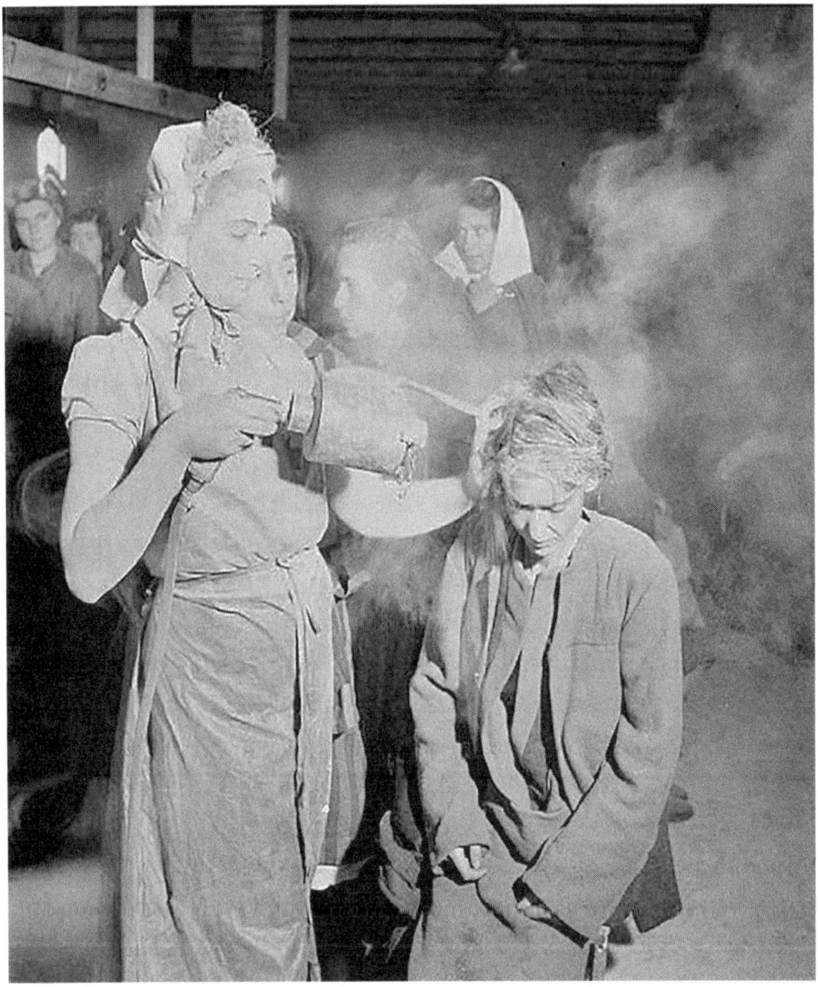

Supervisada por el cuerpo médico del Ejército Real, en mayo de 1945 una enfermera espolvorea DDT sobre una mujer para matar los piojos que propagan el tifus. (Library of Congress, Washington, D. C., USA).

Los militares estadounidenses mezclaron DDT con un polvo inerte, y lo espolvorearon sobre tropas, refugiados y civiles. Se constituyeron estaciones de despiojamiento que trataban miles de personas al día. Cada soldado recibía una lata con 2 onzas de polvo insecticida fabricadas por compañías como la McCormick & Co de Baltimore o la Lucky Heart Laboratories Inc de Memphis. Se estima que administraron con éxito más de 3.000.000 de dosis de polvo de DDT. La epidemia se controló y el DDT se convirtió en el mejor de los socios. La aplicación del DDT se convirtió en un hábito. Se fumigaba concienzudamente a niños y adultos, ropa de vestir y ropa de cama, barracones militares y hospitales civiles, instalaciones cerradas y espacios abiertos. Incluso se rociaba con DDT por el aire para cubrir ciudades por completo. La elevada toxicidad ambiental que presenta el DDT se confirmó años más tarde, pero durante gran parte del siglo XX, fue una herramienta clave para erradicar plagas de diversos insectos transmisores de enfermedades, incluidos los piojos del cuerpo.

A partir de la década de los 40, la empresa suiza J. R. Geigy fundada en 1758 comercializó varios productos insecticidas basados en DDT, entre los que se encontraban el Gesarol, el Neocid o el Cam. El Neocid llegó a España en 1945 y fue vendido principalmente como formulado en polvo aunque también se comercializó como líquido. Se espolvoreaba sobre cabello y cuerpo y era habitual publicitarlo en periódicos como *La Vanguardia*. Sin embargo, el DDT es un compuesto relativamente joven, fue sintetizado por Othmar Zeidler en 1874 y aplicado como insecticida a mediados del siglo XX por lo que, en la mayoría de los conflictos militares de la historia, no se pudo utilizar para controlar las plagas de piojos, que en numerosas ocasiones se han manifestado durante un acontecimiento bélico y que han marcado el signo final del enfrentamiento.

Este es el caso del asedio entre 1710 y 1712 a la ciudad francesa de Douai durante la guerra de sucesión española. La causa fundamental del conflicto fue la muerte sin descendencia de Carlos II de España, lo que originó una guerra europea generalizada. El cercado a Douai fue un hecho particular dentro de una disputa general, pero es fácilmente extrapolable a diferentes épocas y enfrentamientos armados. Recientemente, se ha explorado una fosa común hallada en la localidad de Douai y datada en el siglo XVIII. La fosa contenía un alto porcentaje de esqueletos que no presentaban lesiones compatibles con heridas de armas, lo que sugiere que podrían haber fallecido como consecuencia de una epidemia. Para resolver el enigma, se tomaron 1192 dientes de los cuales se extrajo el ADN. A partir del ADN dental, se detectó la presencia de ADN de *Rickettsia prowazekii* en casi el 30% de los individuos. Estos resultados, unidos a la mala condición médica de los hombres fallecidos, a pesar de su corta edad, indican que gran parte de las muertes fueron causadas por una epidemia de tifus exantémico. La epidemia habría surgido durante el asedio y con probabilidad fue importada por soldados españoles. Hay que tener en cuenta que, en condiciones sanitarias deplorables como las que se manifiestan durante un periodo de aislamiento, los piojos pueden aumentar en un 10% por día, por lo que, en las condiciones a las que fue sometida la localidad de Douai, es fácil imaginar la aparición de una epidemia de tifus exantémico. Parece probable que la epidemia acabase con gran parte de la población y condicionase la capitulación de la ciudad.

No obstante, la epidemia de Douai no es la única que ha mantenido un papel protagonista en el escenario militar. En junio de 1812, el ejército imperial francés dirigido por el emperador Napoleón I cruzó el río Niemen, y enfiló rumbo a Moscú para invadir Rusia. La Grande Armée era el mayor ejército de la historia europea. Estaba formado por más de 600.000 hombres, por lo que se preveía una sencilla victoria francesa que apuntalaría la ambición de Napoleón por dominar Europa. Sin embargo, Napoleón fue derrotado. Entre las causas que favorecieron el descalabro de las tropas napoleónicas se sugieren la falta de comida, el clima extremadamente frío y la aparición de enfermedades durante la incursión en Rusia. La mayoría de los soldados que comenzaron la campaña rusa murieron de disentería, neumonía y fiebres de diversa índole. Se estima que de los 25.000 soldados que se replegaron a la localidad lituana de Vilna, solo 3000 sobrevivieron. En el año 2001, se descubrieron diversas fosas comunes en un antiguo cuartel soviético ubicado en unos suburbios al norte de Vilna. Las fosas contenían miles de cadáveres. Al principio se pensó que se trataba de disidentes políticos ajusticiados por el régimen soviético, pero el análisis detallado de fragmentos de uniformes y botones, revelaron que en realidad eran soldados y oficiales napoleónicos de 40 regimientos diferentes. La densidad del enterramiento era muy alta, de 7 cadáveres por metro cuadrado y no estaban en posición asociada al *rigor mortis*, lo que sugiere que los soldados habían sido enterrados masivamente poco después de la muerte, y que el intenso frío los había congelado en la posición en la que habían sido colocados. Los investigadores habían encontrado un auténtico tesoro arqueológico. Se analizaron dos kilogramos de tierra de las fosas y se encontraron restos de *Pediculus humanus humanus*, el piojo del cuerpo. Además, se testó el ADN dental de decenas de esqueletos, confirmándose la presencia de *Rickettsia prowazekii* y de la bacteria *Bartonella quintana*, el agente etiológico responsable de la fiebre de las trincheras. *Bartonella quintana*, al igual que *Rickettsia prowazekii*, es transmitida por el piojo del cuerpo y ocasiona fiebre alta, cefalea, endocarditis, mialgias en piernas y espalda, dolor ocular, peliosis hepática y angiomatosis bacilar. Los datos científicos sugieren que los soldados de Napoleón se vieron afectados por una plaga de piojos que les transmitieron, sin saberlo, tifus exantémico y fiebre de las trincheras, lo que sin duda diezmó sus capacidades en combate, allanó la victoria rusa y cambió la historia de Europa.

Años más tarde, en 1914, la batalla de Aisne en Francia, marcó el comienzo de la guerra de trincheras en el oeste del frente durante la Primera Guerra Mundial. Los alemanes se habían establecido en la cara septentrional más alta. Las cosechas bajas y una orografía poco propicia, no ofrecían ninguna ventaja de ocultación a los aliados, por lo que eran fácilmente avistados y abatidos. Las tropas decidieron cavar hoyos en el suelo para protegerse. Pronto los fosos se alargaron y profundizaron y las paredes se forraron de madera para contener los muros de tierra.

Dos soldados franceses se asean mientras un barbero afeita a otro soldado en una trinchera durante la Primera Guerra Mundial. El 7 de diciembre de 1914, el Papa Benedicto XV, realizó un llamamiento a favor de la paz, pidiendo «para que las armas callasen al menos la noche en que cantaban los ángeles». El 24 de diciembre, las tropas alemanas decoraron sus trincheras con objetos navideños y cantaron villancicos. Las tropas británicas respondieron cantando también villancicos. De manera espontánea las balas dejaron de silbar. Durante unas horas se estableció la conocida como la tregua de Navidad de 1914, en la que soldados alemanes e ingleses intercambiaron cigarrillos y chocolate, se burlaron de los soldados franceses, y disputaron un partido de fútbol. En una ocasión, el exfutbolista inglés Gary Lineker comentó: «El fútbol es un deporte que inventaron los ingleses, juegan once contra once, y siempre gana Alemania». No sabemos si en «la tregua de Navidad de 1914» también se cumplió esta afirmación. (Library of Congress, Washington, D. C., USA).

A continuación, empezaron a utilizar el camuflaje para ocultar las zanjas. Los soldados no pararon de excavar defensas, convirtiendo aquellos pasillos enfangados en el lugar donde durante cuatro años, vivirían, lucharían y muchos de ellos morirían. En pocos meses se materializó una red de 6500 kilómetros de trincheras desde el canal de la Mancha hasta Suiza. En junio de 1915, el oficial médico británico John Graham, informó que había estado recibiendo numerosos casos de soldados que sufrían enfermedades febriles, dolor de cabeza, lumbago severo, mareos y sensación de rigidez en las piernas. A partir de agosto de 1915, los asesores en patología del ejército británico, compartían la opinión que se trataba de una nueva enfermedad y propusieron el nombre de «fiebre de trinchera». La fiebre de la trinchera se manifestó en tropas francesas e italianas alcanzando el frente oriental. En febrero de 1916, John McNee y Arnold Renshaw de la Royal Army Medical Corps (RAMC), propusieron que la enfermedad probablemente era transmitida por insectos tales como moscas, mosquitos o piojos.

Alexander Peacock fue asignado para investigar cómo se transmitía la enfermedad dentro de las trincheras. Examinó a cientos de soldados y comprobó que el 95% estaban infectados por piojos del cuerpo, con una media de 20 piojos por hombre y con un 5% de los soldados infestados con más de 130 piojos. La fiebre de trinchera era más común en unidades con mayores tasas de infestación por piojos del cuerpo, por lo que finalmente concluyeron que estos insectos eran los responsables de transmitir la enfermedad. Inmediatamente los soldados de ambos bandos empezaron a emplear productos químicos contra los piojos. Los alemanes usaron ciclohexanona, ciclohexanol, jabón de cresol y difenilamina, mientras que los soldados franceses usaron sobres de serrín impregnados con naftaleno, alcanfor y benceno para protegerse de los insectos. En 1916, el microbiólogo alemán Hans Toepfer encontró que un piojo que se había alimentado de pacientes con fiebre de trinchera contenía lo que Toepfer denominó «cuerpos de Rickettsia», y que eran morfológicamente diferentes a la bacteria *Rickettsia prowazekii* causante del tifus. Los cuerpos de Rickettsia eran los responsables de la fiebre de la trinchera. Años más tarde, se les renombraron como *Rickettsia quintana* y posteriormente como *Bartonella quintana*. Durante la Primera Guerra Mundial, la fiebre de la trinchera tuvo un efecto devastador sobre la mano de obra y los recursos humanos, ya que se estima que afectó tanto a los Aliados como a la Potencias Centrales, aunque tuvo especial incidencia entre los Aliados del frente occidental, donde originó más de 800.000 casos, ocasionando una tercera parte de todas las enfermedades sufridas por el ejército británico.

Durante el siglo XX, las infestaciones de piojos eran tan comunes y la preocupación por las enfermedades que transmitían era tan grande, que muchas personas que las sufrían eran despiojadas y puestas en cuarentena. Así, con el fin de la Primera Guerra Mundial y tras el Armisticio de Compiègne, firmado el 11 de noviembre de 1918 entre los Aliados y el Imperio alemán, la mayoría de las tropas que regresaban a casa, fueron despiojadas en los puertos de origen y puestas en cuarentena durante dos semanas.

Es inevitable imaginar la soledad que sufrían los soldados en las trincheras. Muchos de los sentimientos que les invadían cuando el cielo dejaba de silbar balas y les otorgaba un oasis de falsa calma, han quedado recogidos en la correspondencia que mantenían con sus familiares, amigos y parejas. Cartas que hablan de angustia y estoicismo, de muerte y sacrificio, pero también de amor y de esperanza. En el año 2017, la Unión Europea lanzó una iniciativa para digitalizar más de 40 cartas de amor de la Primera Guerra Mundial. Los documentos fueron archivados en Europeana, la biblioteca digital europea, bajo la propuesta *Transcribathon amoureux*. El objetivo principal de Europeana es propiciar el acceso al patrimonio cultural y científico europeo y en este caso, también al emocional.

PARA SABER MÁS:

– Anstead G. M. (2016). The centenary of the discovery of trench fever, an emerging infectious disease of World War 1. *The Lancet Infectious Diseases* 16: e164-172.

- Jiménez-Lucena I. (1994). El tifus exantemático de la posguerra española (1939-1943): el uso de una enfermedad colectiva en la legitimación del «Nuevo estado». Acta hispanica ad medicinae scientiarumque historiam illustrandam pp 185-198.
- Mumcuoglu K. (2008). *Pediculus* and *Pthirus*. In: Paleomicrobiology: Past Human Infections. Springer. Pp 215-222.
- Raoult D. (2004). The history of epidemic typhus. *Infectious Disease Clinics of North America* 18 (1): 127-140.
- Raoult D. (2006). Evidence for Louse-Transmitted Diseases in Soldiers of Napoleon's Grand Army in Vilnius. The Journal of Infectious Diseases 193: 112-120.
- Rogan W J. (2005). Health risks and benefits of bis (4-chlorophenyl)-1,1,1- trichloroethane (DDT). *The Lancet* 366 (9487): 763-773.

El presidente Gerald Ford fotografiado en 1976 durante la visita a un mercado de agricultores en Filadelfia. (Library of Congress, Washington, D. C., USA).

La enfermedad del legionario

Filadelfia. Verano de 1976. El presidente Gerald Ford camina por el Estadio de los Veteranos, sede de los Philadelphia Phillies de la Liga Nacional de Béisbol. Viste traje oscuro, camisa celeste y corbata de rayas multicolor. Hace calor. No importa. Ford sonríe. Bromea. Está relajado. Saluda al público. El estadio rebosa expectación. No hay localidades libres. El presidente se instala en una grada baja donde recibe tres pelotas de béisbol que amasa con tranquilidad. Lanza dos. Son lanzamientos suaves, sin apenas parábola. El primero con la mano derecha. El segundo con la izquierda. Es ambidiestro. Los asistentes rugen entusiasmados y aplauden disciplinadamente. El presidente de los Estados Unidos de América acaba de inaugurar el All-Star Game de la MLB.

En ese año, los Sixers de Filadelfia habían fichado a Julius Erving y los Estados Unidos de América celebraban su bicentenario. Por supuesto, Filadelfia se convirtió en un punto de atención mundial. El All-Star Game de la MLB no fue el único evento deportivo sobresaliente. Filadelfia también acogió el All-Star Game de la NBA, el All-Star Game de la NHL y la Final Four de la NCAA. Desde principios de año, millones de visitantes acudían a festejos callejeros, exposiciones, desfiles, conciertos, congresos y multitud de celebraciones relacionadas con el bicentenario. La ciudad burbujeaba actividad. Los grandes hoteles engullían cientos de turistas al día.

Filadelfia atraía reuniones y convenciones dispares. En julio, era habitual observar a los transeúntes recorrer las grandes avenidas en busca de alojamiento o de la sede de un evento particular. Hormigueaban por las aceras con el ánimo acartonado por las altas temperaturas y la humedad. Los viajeros se avituallaban con helados, bebidas frías y los típicos sándwiches «philly cheesesteak». Las cafeterías y los vestíbulos de los hoteles se convertían en oasis improvisados.

Un típico philly cheesesteak.

Muchas asociaciones nacionales proyectaban sus asambleas en Filadelfia. La Legión Estadounidense se sumó a la tendencia. Los veteranos de guerra eligieron el hotel Bellevue-Stratford de Filadelfia para celebrar su 58° convención anual. Asistieron dos mil legionarios acompañados por familiares. Varios centenares se alojaron en el Bellevue-Stratford, considerado el mejor hotel de la ciudad. El aire acondicionado era excelente y el edificio imponente. Estaba situado al sur de la calle Broad y por ello era conocido como «la gran dama de la calle Broad». Constaba de 19 plantas y un diseño de estilo renacentista francés. Poseía un salón de baile espectacular, ataviado con lámparas diseñadas por Thomas Alva Edison, lámparas modernistas de Lalique, vitrales de Louis Comfort Tiffany y una célebre escalera circular de hierro fundido. La convención se inauguró el 21 de julio. El ambiente era fraternal. Una reunión de amigos, de compañeros, de hermanos. Todo era perfecto. Nadie esperaba lo que iba a ocurrir.

Panorámica del Hotel Bellevue-Stratford en 1976.

A los pocos días de comenzar la convención, varios de los asistentes comenzaron a sentirse enfermos. Presentaban cansancio y fiebre e incluso dolor en el pecho y congestión pulmonar. El 24 de julio, la convención finalizó, y muchos de los afectados seguían con síntomas de una enfermedad parecida a la gripe. Los legionarios regresaron a sus casas, despidiéndose de sus compañeros y emplazándose para la próxima reunión. Algunos como Ray Brennan no volverían a reencontrase con sus amigos legionarios. Ray era un capitán jubilado de la Fuerza Aérea que actuaba como contable de la Legión Estadounidense. A sus 61 años disfrutaba cada año reuniéndose con sus antiguos compañeros. Sin embargo, en esta ocasión, se había sentido indispuesto durante gran parte de la convención y deseaba volver a casa para recuperarse. Con el paso de los días su salud empeoró. El 27 de julio, tres días después de finalizar la convención, Ray murió de un aparente ataque cardíaco en el hospital de Sayre ubicado en el municipio de Athens, al norte del Estado de Pensilvania. Tres días más tarde, Frank Aveni, otro de los legionarios presentes en la convención, también murió en circunstancias similares. Al día siguiente de la muerte de Aveni, murieron otros 6 legionarios. Los episodios se sucedían.

El doctor Ernest Campbell informó que en Bloomsburg, tres de sus pacientes que habían asistido a la convención de los legionarios de Filadelfia, presentaban los mismos síntomas que Brennan y Aveni. Al mismo tiempo, en Chabersburg, una localidad 100 millas al sur de Bloomsburg, una enfermera notificó la presencia de síntomas en otros tres legionarios. El lunes 2 de agosto, a las 9:15 de la mañana, Philip Graitcer y Robert Craven del Centro de Control de Enfermedades (CDC) recibieron una llamada alertando de la muerte por neumonía de cuatro personas que habían participado en la convención de legionarios de Filadelfia. En la siguiente hora, el número de muertes comunicadas aumentó de 4 a 11. David Sencer, director del CDC, decide que el doctor David Fraser dirija un equipo de epidemiólogos que busque indicios y soluciones para la misteriosa enfermedad. Los casos aumentaban y se desparramaban por todo el Estado de Pensilvania. Empiezan a aparecer acontecimientos similares fuera del ámbito legionario. En tan solo una semana, 130 personas habían sido hospitalizadas y 25 habían muerto. Entre los afectados se encontraban clientes del hotel Bellevue-Stratford y otras personas que habían transitado por la calle Broad. Así, inicialmente se denominó a la enfermedad «neumonía de la calle Broad». Los periodistas comunican la noticia de forma sensacionalista. En los titulares aparecen términos como «la peste de Filadelfia» o «el asesino fantasma de Filadelfia». El *Philadelphia Inquirer*, el *Daily News* o el *New York Times* escriben acerca de la misteriosa enfermedad y de su letalidad. El público relaciona la enigmática enfermedad con el hotel Bellevue-Stratford e inmediatamente sobreviene una cancelación masiva de reservas. El hotel pierde 5000 dólares al día y pronto queda prácticamente vacío.

El 4 de agosto los investigadores habían descartado la gripe porcina y otras enfermedades producidas por bacterias conocidas de crecimiento rápido como responsables del brote. Pasaban los días y los estudios epidemiológicos no conseguían relacionar el suceso con ninguna enfermedad respiratoria conocida. Finalmente, el brote ocasionó 182 enfermos de los cuales 29 murieron por un tipo de neumonía que no respondía a los antibióticos beta-lactámicos como la penicilina. De los 182 afectados, 149 eran legionarios asistentes a la convención. El análisis de los registros de las salas de urgencias de Filadelfia demostró que, aparte de los legionarios, los clientes del Bellevue-Stratford y algunos peatones de la calle Broad, entre julio y principios de agosto de ese año no había ocurrido en la ciudad ninguna epidemia de neumonía. No había asociación de la enfermedad con la ingesta de agua, comida, hielo o licor, y no existía evidencia de propagación de persona a persona. Ante el desconcierto general, la prensa bautiza la enfermedad como «enfermedad del Legionario». Se sugirió que el foco podía radicar en el hotel Bellevue-Stratford, y que podía existir un patrón de propagación por el aire en el vestíbulo o la acera alrededor del hotel. El hotel no consiguió superar la publicidad negativa y cerró en noviembre de 1976.

La paranoia se apoderó de la población y el abanico de posibilidades se amplió. Algunos informadores hablaban de vertidos accidentales de sustancias tóxicas, mientras que otros sopesaban la posibilidad de ataques intencionados. Así, al posible agente infeccioso se unieron potenciales exposiciones a carbonilo de níquel, toxina botulínica, fosgeno o paraquat. Desgraciadamente, los meses pasaban y no había una respuesta concluyente. Sin embargo, Joseph McDade, un especialista en *rickettsia*, que había procesado muestras originales de los afectados en agosto, decidió reexaminar algunas pruebas. Con esa idea en la cabeza, durante las vacaciones de Navidad, reevaluó algunas tinciones de muestras de hígado de cerdos de Guinea que habían sido inoculados con material de los legionarios afectados en agosto. Las muestras habían sido teñidas con solución de Giemsa y en ellas observó por primera vez lo que parecía un grupo de microorganismos. La investigación avanzó rápidamente y el 18 de enero de 1977, el *Informe Semanal de Morbilidad y Mortalidad* anunció que el agente causal de la enfermedad del Legionario había sido aislado de suero infectado. Se trataba de una nueva bacteria patógena que fue nombrada como *Legionella pneumophila.*

La legionela es una bacteria ubicua en ambientes acuáticos naturales y artificiales. Es capaz de sobrevivir en tanques de almacenamiento de agua y en sistemas de refrigeración, por lo que aparentemente se propagó por el maravilloso sistema de aire acondicionado del Bellevue-Stratford e infectó a los afectados a través de la inhalación de aerosoles que contenían a la bacteria.

Hoy en día, *Legionella pneumophila* es considerada como una de las tres causas más comunes de adquirir neumonía grave. La enfermedad del Legionario se manifiesta clínicamente como una neumonía atípica. El periodo de incubación se establece entre 2 y 14 días, y los síntomas más comunes engloban fiebre alta, tos, escalofríos, disnea, anomalías neurológicas, mialgia o artralgia, diarrea, dolor de pecho y náuseas o vómitos. El índice de mortalidad puede alcanzar el 30%.

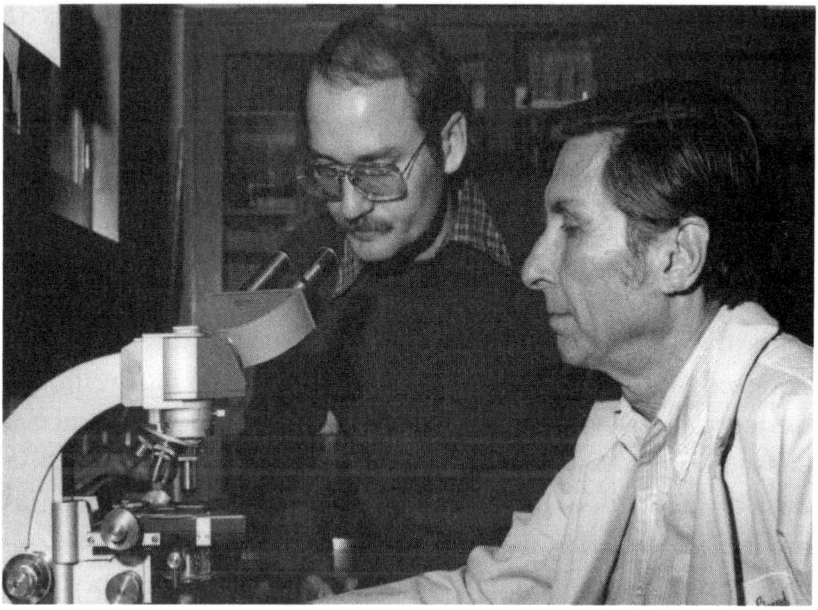

Charles C. Shepard (derecha), director de la División de Laboratorios de los Centros para el Control y Prevención de Enfermedades (CDC), y el microbiólogo Joseph E. McDade (izquierda), determinaron que la causa de «la enfermedad de los Legionarios» era un tipo de bacteria, a la que llamaron *Legionella pneumophila.* (Centers for Disease Control and Prevention, Atlanta, USA).

Curiosamente, el descubrimiento de *Legionella pneumophila* en 1977, permitió resolver un misterioso brote epidemiológico ocurrido en 1968 en el edificio del departamento de salud de la ciudad de Pontiac, en el Estado de Michigan. El brote es conocido como «fiebre de Pontiac» y afectó al 95% de los visitantes y trabajadores del edificio. La enfermedad cursó como una gripe aguda y se manifestó solo en aquellos que estaban presentes cuando el aire acondicionado estaba funcionando. Afortunadamente ninguno sufrió neumonía y todos se recuperaron. Las pruebas demostraron que *Legionella pneumophila* había causado la fiebre de Pontiac. También se demostró que *Legionella pneumophila* era la responsable de un brote epidémico ocurrido en julio y agosto de 1965 en el hospital psiquiátrico de St. Elizabeth en Washington D.C. La enfermedad afectó al menos a 81 pacientes, y se caracterizó por una afección respiratoria severa y episodios de fiebre alta. Catorce de los pacientes afectados murieron.

Esta bacteria ha sido una «asesina anónima» que ha pasado desapercibida durante mucho tiempo. En la actualidad sabemos que fue la responsable de algunas muertes que en su día fueron un auténtico misterio. Este es el caso de la conocida como «neumonía de Benidorm». El suceso se desencadenó el 24 de julio de 1973, cuando el turista británico John Ross murió en el avión en el que regresaba a Glasgow, después de pasar unos días alojado en el hotel Río Park de la localidad levantina de Benidorm. A los pocos días murieron otros tres turistas que también habían estado alojados en el hotel. El *Glasgow Herald* anunciaba en portada la noticia. El periódico escribía titulares como «Los turistas mueren de una enfermedad misteriosa» o «La enfermedad fatal sigue siendo un misterio». Tras la pertinente investigación, se comprobó que de los 189 turistas que la agencia Thomson Sky Tours había alojado en el hotel Río Park de Benidorm, dos tercios habían estado enfermos. Un tercio de los enfermos había presentado afecciones pulmonares. De ellos, nueve habían ingresado en el hospital y tres habían muerto, uniéndose así al infortunado John Ross. Las investigaciones no lograron aclarar el suceso. Se buscaron patógenos e incluso venenos o posibles adulteraciones en las bebidas alcohólicas servidas en el bar del hotel. No se obtuvieron resultados microbiológicos ni toxicológicos concluyentes, por lo que las muertes se atribuyeron al estrés ocasionado en los viajeros inexpertos en paquetes vacacionales extranjeros, a lo que se unió la ingesta de comida inusual, el consumo excesivo de alcohol, el abuso de los baños de sol y diversos factores médicos personales predisponentes. La conclusión fue que los escoceses que viajaran a España debían estar mejor informados.

Sin embargo, en julio de 1977 se produjo en el hotel Río Park un segundo brote de «neumonía de Benidorm». En esta ocasión, una mujer escocesa de 51 años que había estado hospedada en el hotel, ingresó con problemas pulmonares en el hospital de Glasgow. Murió a los tres días. Los tratamientos con ampicilina y gentamicina fueron ineficaces. Otros quince turistas ingresaron en el *Nottingham City Hospital* con neumonía severa. En esta ocasión, el reciente descubrimiento de la bacteria legionela, permitió sospechar de la enfermedad de los legionarios. Se enviaron muestras de sangre al CDC, que utilizó un análisis serológico para confirmar la presencia del patógeno. La neumonía de Benidorm era en realidad la enfermedad del Legionario. En 1980, el hotel Río Park volvió a ser protagonista de los noticiarios británicos. El periódico *The Times* publicó un artículo titulado «la enfermedad del Legionario ataca al hotel español», en el que informaba que otro turista británico hospedado en el hotel había muerto por la enfermedad al regresar de sus vacaciones. Entre agosto y septiembre de 1980, cinco mil turistas se hospedaron en el Río Park y 58 de ellos desarrollaron neumonía. La investigación posterior demostró que el hotel utilizó un pozo contaminado con la bacteria para suministrar agua a sus instalaciones. Las bacterias se multiplicaban por la noche en las tuberías, y provocaban que los clientes que se duchaban o lavaban en primer lugar tuvieran un mayor riesgo de contraer la enfermedad.

Hasta la fecha, el mayor brote mundial de legionelosis ocurrió en el año 2001 en la ciudad española de Murcia. Del 7 de julio al 22 de julio se registraron más de 800 casos sospechosos, de los cuales 449 fueron confirmados. Seis de los afectados murieron. Los posibles focos de propagación fueron 4 torres de refrigeración ubicadas en edificios comerciales y residenciales del céntrico barrio de Santa María de Gracia. En las torres se detectó la presencia de *Legionella.* La baja tasa de mortalidad que tuvo el caso, se atribuye a la efectividad del sistema público de salud español. No obstante, los brotes de legionelosis han afectado a multitud de ciudades de todos los continentes. Tasmania, Australia, Canadá, Estados Unidos de América, Polonia, Noruega, o Portugal son solo algunos ejemplos.

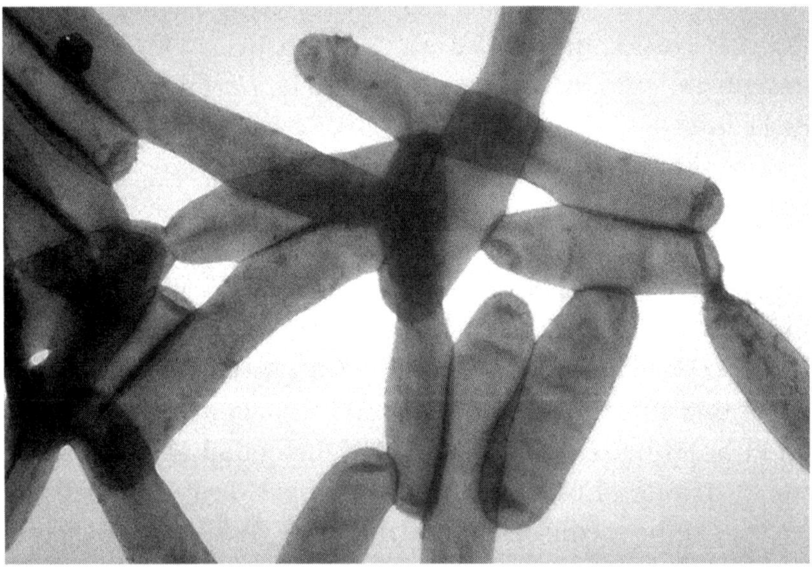

Imagen microscópica de *Legionella pneumophila.* CDC.

A pesar de la diversidad, el brote ocurrido en el pueblo holandés de Bovenkarspel, merece una mención especial. Durante la primavera de 1999, como cada año, se celebró en Bovenkarspel el festival Westfriese Flora. Este festival era la exposición de bulbos de flores de interior más grande del mundo, por lo que atraía a cientos de miles de visitantes cada año. Por desgracia, en 1999 durante la celebración del festival, 318 visitantes enfermaron y al menos 32 personas murieron. Se demostró que la causa había sido *Legionella pneumophila* y que el foco de emisión fue un *jacuzzi* situado en el área de exposición. Ese fue el final de la exposición anual en Bovenkarspel. Es probable que hubiera más muertos a causa del brote, pero estas personas fueron enterradas prematuramente y no pudo detectarse la presencia de la bacteria. Por ello, se estima que el «brote de Bovenkarspel» ha sido el más mortífero de la historia.

A pesar de la información dilucidada en las últimas décadas, un reciente estudio publicado en 2016, apunta que el brote de 1976 en Filadelfia, fue originado por diferentes cepas de *Legionella pneumophila,* lo que sugiere un contexto epidemiológico más complejo del establecido hasta la fecha, y anima a la comunidad científica a seguir profundizando en este tema. Por supuesto, por el bien de la comunidad, es importante realizar revisiones periódicas de las torres de refrigeración, de los depósitos de agua y otras instalaciones relacionadas, para evitar la presencia y propagación de *Legionella.* Lo cierto es que, a pesar del temor que os haya suscitado este capítulo, también es conveniente, por el bien de la comunidad, que no dejéis de ducharos por miedo a contraer legionela.

PARA SABER MÁS:

- Fraser D.W. (2005). The challenges were legion. *Lancet Infectious Diseases* 5: 237-241.
- Khodr A. (2016). Molecular epidemiology, phylogeny and evolution of *Legionella. Infection, Genetics and Evolution* 43: 108-122.
- Lawson J.H. (1978). «Legionnaires» Disease-The Benidorm Episode. *Scottish Medical Journal* 23: 121-124.
- Mercante J. W. (2016). Genomic Analysis Reveals Novel Diversity among the 1976 Philadelphia Legionnaires'

Disease Outbreak Isolates and Additional ST36 Strains. Plos One 11 (9): e0164074.

- Thacker S.B. (1978). An outbreak in 1965 of severe respiratory illness caused by the Legionnaires' disease bacterium. *The Journal of Infectious Diseases* 138 (4): 512-519.

Adiós Titanic, adiós

La búsqueda de pecios sumergidos es una actividad lucrativa, atractiva y muy complicada. Desde que comenzó la navegación, los mares y océanos han cobijado embarcaciones hundidas por causas fortuitas, accidentales y en muchas ocasiones intencionadas. Los navíos yacen impotentes lejos de la superficie, acostumbrados a que el paso inexorable del tiempo, colme de óxido, anémonas, algas y coral las antiguas barandas y cubiertas por las que transitaban los tripulantes. Algunos enclaves, como el de Scapa Flow, son especialmente relevantes. Esta bahía escocesa de las Islas Orcadas, se convirtió durante las dos guerras mundiales en un fondeadero de la flota británica. Allí, decenas de acorazados, cruceros y destructores alemanes fueron hundidos deliberadamente en junio de 1919 para impedir que cayeran en manos británicas tras el armisticio de 1918. Algunos años después, el empresario Ernest Cox se propuso recuperar los barcos hundidos, para reutilizar y comercializar el metal con el que estaban construidos. En 1924, reflotó su primer barco, el V70, un pequeño destructor de 800 toneladas. El 23 de julio de 1930, Cox consiguió recuperar el monstruoso SMS Hindenburg, buque insignia de la Marina Imperial alemana. En los siguientes meses, este crucero de batalla fue desguazado en la localidad de Rosyth. Décadas más tarde, Estados Unidos y la Unión Soviética se enfrentaron en una frenética carrera espacial que requería aparatos muy precisos para medir la radiación en el espacio. Sin embargo, los bombardeos atómicos efectuados en agosto de 1945 sobre Hiroshima y Nagasaki provocaron que todo el acero que se forjaba para construir esos delicados instrumentos, arrastrara radiación residual indeseable. Por ello, la NASA optó por utilizar acero forjado antes de 1945 y lo encontró bajo el mar, en la flota hundida en Scapa Flow.

Sin duda, las acciones bélicas acaecidas durante la Primera Guerra Mundial, contribuyeron a la proliferación de grandes navíos en el lecho marino, como consecuencia de torpedos y bombas provenientes de ambos bandos. Este fue el caso del RMS Lusitania, un transatlántico británico construido por los astilleros John Brown & Company y que fue torpedeado por un submarino alemán el 7 de mayo de 1915. El enorme buque desapareció en pocos minutos frente a las costas irlandesas del Cabo de Old Head of Kinsale. El RMS Lusitania, junto a su gemelo el RMS Mauretania, fue el barco más grande del mundo hasta que la compañía White Star Line botó el RMS Olympic en 1911. Un año más tarde, la White Star Line botó el RMS Titanic, el mayor barco del mundo al finalizar su construcción. El tercer y último barco de la clase Olympic de la compañía White Star Line, fue el HMHS Britannic. Este transatlántico fue alcanzado por una mina marina mientras cruzaba el mar Egeo en noviembre de 1916. Los restos del pecio hundido fueron descubiertos por Jacques-Yves Cousteau el 3 de diciembre de 1975.

Una de las sobrevivientes al naufragio del HMHS Britannic fue la enfermera Violet Constance Jessop. Violet era una auténtica superviviente. Durante su adolescencia contrajo tuberculosis y aunque los médicos le pronosticaron pocos meses de vida, consiguió superar la enfermedad. Los padres de Violet se dedicaban a la crianza de ovejas en la provincia argentina de Buenos Aires. Al igual que los humanos, el ganado doméstico como ovejas, cabras o vacas, también pueden sufrir tuberculosis. En el caso de los humanos, la tuberculosis suele estar ocasionada por la bacteria *Mycobacterium tuberculosis* mientras que en el ganado, las especies patógenas son *Mycobacterium bovis* y *Mycobacterium caprae*. Sin embargo, *Mycobacterium bovis* y *Mycobacterium caprae* son muy próximas a *Mycobacterium tuberculosis* y se incluyen dentro del *Complejo Mycobacterium tuberculosis* pudiendo causar también tuberculosis en humanos. Las cabras y ovejas domésticas pueden actuar como reservorios de la enfermedad. Recientemente, se considera que esta zoonosis es una enfermedad emergente que compromete la erradicación de la tuberculosis en el ganado, y que puede afectar seriamente a la salud pública. Es por ello, que en una época en las que las medidas sanitarias animales eran pobres y las enfermedades zoonóticas frecuentes, el trato continuo que Violet mantenía con los animales que su familia criaba, quizás facilitase la transmisión de la enfermedad y le provocase la temible tuberculosis.

Afortunadamente, Violet venció a la tuberculosis y unos años más tarde encontró trabajo de camarera en diversos cruceros. Tras la experiencia inicial, fue contratada por la White Star Line. En junio de 1911 embarcó en el RMS Olympic y el 20 de septiembre de ese año sobrevivió a una colisión con el HMS Hawke. Meses más tarde, el 10 de abril de 1912 zarpó como miembro de la tripulación del RMS Titanic.

Cuatro días más tarde de la partida desde Southampton, el RMS Titanic chocó contra un iceberg y se hundió. El 70% de los pasajeros murieron. Violet sobrevivió. Fue rescatada del bote número 16 por el RMS Carpathia. Por desgracia, la vida útil del RMS Carpathia fue breve, ya que durante la Primera Guerra Mundial, el 17 de julio de 1918, el submarino alemán SM U-55 lo hundió con tres torpedos. Es extraordinario que Violet sobreviviera a los naufragios del HMHS Britannic y del RMS Titanic, dos de los más importantes del siglo XX. Desde luego, era una mujer con suerte, aunque no queda claro si buena o mala. A pesar que Violet y otros centenares de pasajeros sobrevivieron, es evidente que los medios de comunicación y las películas cinematográficas han dado gran repercusión al evento, contribuyendo a que el naufragio del RMS Titanic haya sido probablemente el más notorio de la historia.

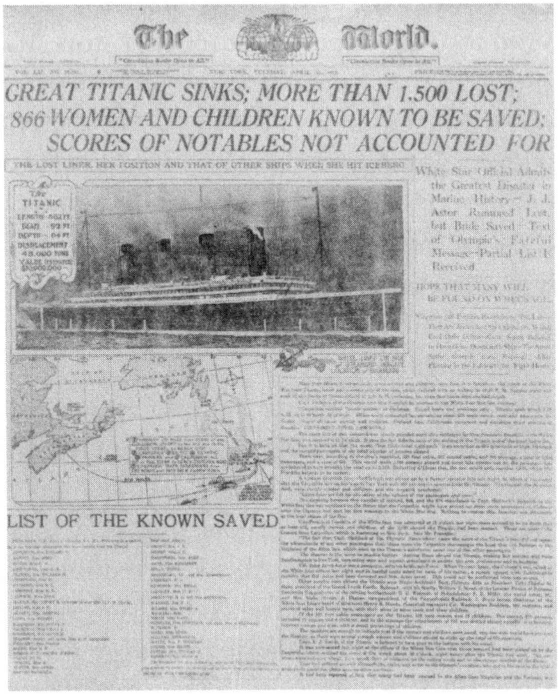

The World.

GREAT TITANIC SINKS; MORE THAN 1.500 LOST;
866 WOMEN AND CHILDREN KNOWN TO BE SAVED;
SCORES OF NOTABLES NOT ACCOUNTED FOR

THE LOST LINER, HER POSITION AND THAT OF OTHER SHIPS WHEN SHE HIT ICEBERG

White Star Official Admits the Greatest Disaster in Marine History — J. J. Astor Rumored Lost, but Bride Saved — Text of Olympic's Fateful Message — Partial List Is Received

HOPE THAT MANY WILL BE FOUND ON WRECKAGE

LIST OF THE KNOWN SAVED

Portada del periódico estadounidense *The World* del 16 de abril de 1912, en la cual se informaba de la tragedia del Titanic. Sin embargo, durante las primeras horas después del accidente, la información era confusa y los periódicos europeos, que amanecían mucho antes que los norteamericanos, no eran conscientes del siniestro. La edición del martes 16 de abril de 1912 del periódico español *La Vanguardia* también informaba del suceso con varias notas de prensa. En una de ellas se afirmaba lo siguiente: «Los despachos que se van recibiendo acerca de la suerte del paquebot Titanic calman las angustias del primer momento, pues se confirma que todos los pasajeros habían podido abandonar el buque. La avería ha tenido lugar a las tres y media de la madrugada. El *Daily Star* anuncia que el mismo Titanic se dirige, aunque lentamente, a Halifax». En el mismo ejemplar, otra nota de prensa recogía la siguiente información: «En las oficinas de la compañía de navegación de Witte se ha recibido la confirmación de que los buques Virginian, Parisian y Karpathian han auxiliado al Titanic. Parece, pues, que este buque no ha ido a pique como lo hacían creer las primeras noticias. Los seguros sobre el Titanic y su cargamento se elevan a 2350 libras esterlinas. El Titanic costó 1.250.000 libras esterlinas. Créese que llevaba a bordo una importante cantidad de diamantes».

La cronología comenzó cuando la compañía White Star Line encargó la construcción del Royal Mail Ship Titanic. La misión fue encomendada al astillero Harland and Wolff Shipyard situado en Queen´s Island y que después se trasladaría a Belfast. Por desdicha, los planos originales del Titanic desaparecieron tras los bombardeos que la Luftwaffe alemana realizó sobre las antiguas instalaciones del astillero en la Segunda Guerra Mundial. El Titanic era un símbolo de la ingeniería y de la ambición humana. Necesitaron 3 años y 1,5 millones de libras para construirlo. Al menos 8 trabajadores que participaban en la construcción murieron por accidentes laborales y muchos otros arrastraron enfermedades profesionales. Una de las habituales era causada por el uso de amianto para aislar tubos y calderas. Los que estaban expuestos al amianto desarrollaban fibrosis pulmonar, que era acrecentada por el tabaquismo y por la omnipresente tuberculosis.

En la década de 1960, un 20% de la población de Belfast mostraba amianto en su cuerpo, como consecuencia de numerosos años de intensa actividad astillera. Lo cierto es que el Titanic era colosal. Tenía un casco formado por miles de placas de acero y millones de remaches. Medía 882,5 pies de largo. Pesaba 42.238 toneladas que eran movidas por 46.000 caballos de fuerza a una velocidad que podía alcanzar con facilidad los 21 nudos. Un leviatán metálico con una capacidad para transportar a una numerosa tripulación y a 3547 pasajeros.

Entre los miembros de la tripulación estaba Jenny, una gata que mantenía controlada la población de ratas y ratones, y que días antes del hundimiento había parido una pequeña camada de mininos. No era el único animal a bordo. Algunos pasajeros viajaban con sus mascotas y en el inventario oficial constan un canario, varios gallos y gallinas y 12 perros de los cuales lograron sobrevivir un pekinés llamado Sun Yat-Sen, una pomeraria llamada Lady y otro pomerario propiedad de Elizabeth Rothschild. Es probable que hubiera más animales y que todos murieran en el naufragio. El hundimiento se produjo como consecuencia de un choque con un iceberg que golpeó al barco por debajo de la línea de flotación. Eran las 23:40 del 14 de abril de 1912. El agua inundó varios compartimentos y en poco más de dos horas y media, el barco se hundió en una localización próxima a las coordenadas 41° 47N, 49° 55W. Las condiciones climáticas de ese año, unidas al flujo predominante hacia el sur de la «corriente del Labrador», condujeron el transporte de grandes icebergs más al sur de lo habitual. Por tanto, la corrección de la ruta, para evitar el mar norteño minado de gigantescos bloques de hielo, no fue suficiente. El origen más probable del iceberg que impactó en el Titanic es el suroeste de Groenlandia, y el otoño de 1911 la fecha probable en la que se desgajó de la isla. Tras el hundimiento del Titanic, se creó la Patrulla Internacional del Hielo. La patrulla es operada por la Guardia Costera de Estados Unidos y tiene como misión controlar y alertar del desplazamiento de icebergs en el Atlántico noroeste y el Ártico.

El naufragio del Titanic y las circunstancias que lo rodearon han provocado que los objetos relacionados con él sean muy valorados por los coleccionistas. Así, en el año 2017, la casa británica de subastas Henry Aldridge & Son vendió por 126.000 libras una carta recuperada de Alexander Oskar Holverson, uno de los pasajeros del Titanic. Alexander era un comerciante que viajaba en primera clase y que el día 13 de abril de 1912 escribió la carta para enviársela a su madre. La misiva representa una de las últimas cartas conocidas que se conservan del naufragio, y la última carta conocida escrita a bordo por una víctima.

Durante décadas, localizar el lugar exacto donde descansaban los restos del Titanic fue un desafío técnico y científico. En agosto de 1985, el oceanógrafo Robert Ballard exploraba las aguas atlánticas a bordo del Knorr, un barco de la Institución Oceanográfica de Woods Hole. En un primer momento, la marina estadounidense había financiado la expedición para reconocer el estado de los restos del submarino nuclear USS Scorpion. El submarino había sido declarado oficialmente perdido en la primavera de 1968 y posteriormente localizado en un talud abisal a 470 km al suroeste de las Islas Azores y a una profundidad de 3000 metros.

El Olympic y el Titanic durante su construcción en los astilleros Harland and Wolff en 1909. En 1969 y en 1974, el astillero construyó dos grúas pórtico, que por sus colosales dimensiones de 96 y 106 metros de altura, son denominadas «Goliath y Samson» respectivamente. En la actualidad dominan el horizonte de Belfast y se han convertido en un símbolo de la ciudad. (Library of Congress, Washington, D. C., USA).

Tras cumplir las tareas, Ballard obtuvo permiso para dirigir al Knorr hacia la isla canadiense de Terranova con la esperanza de localizar los restos del RMS Titanic. La embarcación era robusta, ligera y versátil y había sido bautizada en honor Ernest R. Knorr, un distinguido cartógrafo e ingeniero hidrográfico de la Armada de Estados Unidos. Además, el barco compartía nombre con un tipo de navío mercante nórdico utilizado por los vikingos, y que pudo haber sido utilizado para colonizar la mítica Vinlandia, una región que actualmente se identificaría con la isla de Terranova. A pesar del teórico y amplio uso de este tipo de barcos, el único knorr vikingo bien conservado se encontró en 1962 en el Cementerio de barcos de Skuldelev. El cementerio se encuentra en el fiordo Roskilde, en la isla danesa de Selandia y es un yacimiento arqueológico extraordinario. Con ese nombre, el buque Knorr que tripulaba Ballard, parecía destinado a alcanzar propósitos complicados y memorables.

El 22 de agosto, Ballard junto con Jean-Louis Michel del Instituto de Investigación Francés para la Explotación del Mar ordenaron desplegar el Argo, un sumergible no tripulado que escudriñó las gélidas aguas a 330 millas náuticas al sudeste de Terranova. Las imágenes captadas por el Argo permitieron localizar los restos del Titanic a las 1:05 del 1 de septiembre de 1985. La tripulación tronó de entusiasmo.

Pocos años después, Ballard localizó en 1989 el pecio del acorazado Bismarck a 4791 metros de profundidad y a 650 kilómetros de las costas francesas de Brest. Ballard posee una marcada y amplia trayectoria en la exploración de fondos marinos. En el año 1999 dirigió una expedición submarina en el mar Negro. Durante los trabajos encontraron decenas de barcos muy bien conservados debido a las condiciones anóxicas. Como consecuencia de ese descubrimiento, en el año 2016 se inició el Proyecto de Arqueología Marítima del mar Negro, en el que decenas de barcos han sido documentados mediante fotogrametría en 3 dimensiones. Sin embargo, quizás lo más interesante de la expedición inicial en el mar Negro, fue que en el fondo marino encontraron conchas de organismos de agua dulce y restos de construcciones humanas, probablemente hechas de bajareque. Descubrieron piezas de piedra pulida, cerámica e incluso, un área rectangular de 25 metros cuadrados sobre la que se había derrumbado una antigua casa de barro y madera. Estos hallazgos apoyan la teoría de que el mar Negro fue una vez un lago de agua dulce, alrededor del cual se establecieron asentamientos humanos. Hace aproximadamente 7600 años el nivel del mar Mediterráneo subió y el agua se abrió paso a través del actual estrecho del Bósforo. La potencia de la entrada de agua salada era 400 veces superior a la de las cataratas del Niágara. El nivel del agua subía más de 2 metros al día, por lo que en poco tiempo se inundaron 150.000 kilómetros cuadrados de terreno. Aquella inundación dio origen al mar Negro y a muchos mitos relacionados con el incidente y que han quedado recogidos en diferentes civilizaciones. La primera mención aparece en el *Gilgamesh*, una antigua epopeya babilónica. También hay menciones en las vetustas leyendas griegas que narran la historia de Decaulión y Pirra, los cuales construyeron un arca donde acogieron personas, animales y enseres, poniéndolos a salvo de un gran diluvio. En este sentido, es inevitable mencionar la similitud y coincidencia con la historia de Noé, recogida en el Génesis y que probablemente tenga su origen en la formación del mar Negro.

Actualmente, el mar Negro es el cuerpo de agua anóxica bajo superficie más grande del planeta y representa el análogo más cercano a los océanos sulfídicos del pasado. Por ello, es un hábitat raro y especial, en el que en los últimos años se han descrito nuevas especies de bacterias como *Sulfitobacter litoralis*, *Micromonospora profundi* o *Nitrospina watsonii*. Esta última bacteria fue descrita en el año 2014, pero fue aislada por Eva Spieck en el año 2001, a partir de una muestra recogida a 100 metros de profundidad en el mar Negro por el microbiólogo Stanley Watson en 1969. Durante su trayectoria, la experiencia de Watson le permitió ser director de la Associates of Cape Cod, Inc., una compañía biotecnológica líder en la fabricación de productos para detectar y cuantificar endotoxinas bacterianas. En 1977, durante un crucero por el mar Arábigo a bordo del Atlantis II, Watson se entretenía estudiando la abundancia bacteriana empleando microscopía de epifluorescencia. Durante sus análisis, percibió que existían células fluorescentes naranjas extremada mente frecuentes en numerosas muestras de superficie. Esta observación inicial llevó al descubrimiento del picoplancton fotosintético, que ahora se considera uno de los principales productores primarios de los océanos.

En el MRS Titanic también viajaba un Watson. Su nombre era Ennis Hastings, un joven aprendiz de electricista que murió en el naufragio y del que nunca se recuperó el cuerpo. Hoy, los restos del MRS Titanic y quizás los de Ennis, descansan a una profundidad de 3900 metros bajo el agua, a una temperatura de 1°C y a una presión de 422 kilogramos por cm^2 de superficie. Es decir, a priori en un entorno poco acogedor para la vida. Sin embargo, no es un ambiente pasivo e inerte, donde los organismos no puedan actuar y perdurar. Al contrario, es un emplazamiento muy activo y está repleto de microorganismos. Además, estos microscópicos lugareños son los responsables de la formación de unas extrañas y sorprendentes estructuras denominadas *rusticles.*

Rusticles del Titanic captados por Lori Johnston durante una expedición realizada en 2003.

La palabra *rusticle* es un acrónimo de los términos óxido y carámbano, y fue acuñada por Robert Ballard cuando las observó por primera vez al descubrir el pecio del Titanic en 1986. La morfología recuerda a un carámbano de hielo o a una estalactita, pero en realidad, están formados por óxido de hierro y su presencia es debida a la actividad microbiana. Algunos investigadores han concluido que la formación de los *rusticles* es el resultado del deterioro biológico del acero del barco ocasionado por bacterias. Es decir, en estas condiciones las bacterias se comen literalmente el acero y el hierro forjado del barco. En el año 2001, Cullimore y Johnston calcularon que se habían acumulado 650 toneladas en peso seco de *rusticles* en la sección de proa del Titanic. Con base a sus investigaciones, estimaron una pérdida diaria de 200 kilogramos de acero, por lo que predijeron que gracias a la actividad bacteriana, los restos del Titanic habrían desaparecido por completo en unas pocas centenas de años. Sin embargo, otros científicos abogan por una fecha mucho más próxima, en torno al año 2050. La estructura del *rusticle* consta de un 35% de compuestos de hierro como óxidos, hidróxidos y carbonatos. El 65% restante está formado por una compleja comunidad microbiana. De los microorganismos que componen la comunidad, hoy conocemos la identidad de alguna de las habitantes, ya que en el año 2010, investigadores españoles y canadienses describieron la especie *Halomonas titanicae*, una nueva especie de bacteria aislada de *rusticles* que habían sido recolectados en 1991 por el buque ruso de investigación oceanográfica *Akadémik Mstislav Kéldysh*. Desde su descubrimiento, los *rusticles* se han observado en diversos ambientes marinos sobre pecios hundidos como el DMK Bismarck, el HMHS Britannic y el SS Robert E Lee. Algunos estudios indican que los microorganismos extraen el hierro del acero de los barcos hundidos a una velocidad de 0,03 gramos por centímetro cuadrado y año. Por tanto, si tenéis intención de analizar los vestigios del MRS Titanic, deberíais empezar a organizar la expedición cuanto antes, porque tarde o temprano, las bacterias terminaran por devorar lo que queda del legendario y fastuoso titán transoceánico.

PARA SABER MÁS:

- Bigg G.R. (2014). Iceberg risk in the *Titanic* year of 1912: was it exceptional? *Weather* 69 (4): 100-104.
- Salazar, M. (2017). Review: Rusticle Formation on the RMS Titanic and the Potential Influence of Oceanography. *Journal of Maritime Archaeology* 12 (1): 25-32.
- Sánchez-Porro, C. (2010). *Halomonas titanicae* sp. nov., a halophilic bacterium isolated from the RMS Titanic. *International Journal of Systematic and Evolutionary Microbiology* 60: 2768-2774.
- Stettler, J. W. (2013). Flooding and Structural Forensic Analysis of the Sinking of the RMS Titanic. *Ships and Offshore Structures* 8 (3-4): 346-366.
- Vidal, E. (2018). Transmission of tuberculosis caused by *Mycobacterium caprae* between dairy sheep and goats. *Small Ruminant Research* 158: 22-25.

El geógrafo, el astrónomo y el tratante de telas

Delfts blauw es el tradicional tipo de cerámica pintada en azul que se fabrica, desde el siglo XVI, en la ciudad holandesa de Delft. Fue creada como alternativa asequible a la prohibitiva porcelana china. Entre 1650 y 1750, el negocio de la cerámica constituyó un poderoso motor económico de Delft, ya que la ciudad llegó a albergar más de 100 fábricas. La elección del color azul por los ceramistas no fue casual. Los esmaltes de cobalto utilizados para colorear la cerámica resistían las altas temperaturas de los hornos y fulguraban vivos sobre el fondo blanco, lo que permitía obtener un producto atractivo a un módico precio. Durante el proceso de cocción, las fábricas tenían poco margen de error, por lo que para evitar las pérdidas económicas, la elección más segura era utilizar el color azul. En la actualidad, de todas las fábricas que tachonaban la ciudad de Delft en el siglo XVII, solo se conserva la Koninklijke Porceleyne Fles, también conocida como la Royal Delft. Está situada en el número 196 de la calle Rotterdamseweg y fue fundada en 1653.

En el siglo XVIII, el establecimiento de la empresa minera Blaafarveværket en el pueblo noruego de Åmot originó un gran complejo minero de extracción de aluminatos de cobalto, lo que permitió fabricar más cantidad de pigmento azul cobalto a un precio inferior. Esta circunstancia coincidió con el apogeo de la cerámica de Delft. Así, las fábricas pudieron aumentar la producción y utilizar más cantidad de pigmento a menor coste, lo que comprometió que el 80% del mercado mundial de pigmentos de cobalto estuviese dedicado a la producción de Delfts blauw.

Sin duda, la actividad cerámica, junto con la apertura de una sede de la Compañía de las Indias Orientales en la ciudad, provocó que durante el siglo XVII Delft prosperase y se convirtiera en una urbe floreciente. Los habitantes medraban y emprendían nuevos negocios relacionados con la industria de la cerámica. Este fue el caso de Philips Teunisz Leeuwenhoek, un fabricante de cestas tejidas con caña que eran utilizadas como el principal material de embalaje para la cerámica de Delft. Philips tenía un negocio boyante, lo cual le permitió mantener una posición relativamente acomodada. Se casó en 1622 con Margriete Jacobsdr van den Berch, y se establecieron en una casa familiar cercana a Leeuwe Poort, una de las puertas de la ciudad y de la que la familia asimiló el nombre.

El 24 de octubre de 1632 nació Antonj, el único hijo varón de Philips y Margriete. Con pocos días de diferencia, también en el mes de octubre, nació en Delft el único hijo varón de Reynier Jansz y Digna Baltens. La criatura recibió el nombre de Joannis. Tanto Antonj como Joannis fueron bautizados en la iglesia protestante de Nieuwe Kerk, y ambos fueron inscritos en la misma página del registro. Este hecho inopinado, inició una estrecha relación que perduraría a lo largo de sus vidas. Años más tarde, Antonj y Joannis serían conocidos como Antonie van Leewenhoek y Johannes Vermeer y se convertirían en dos de los personajes más influyentes de su época, el primero como el padre de la microbiología y el segundo como uno de los pintores más destacados de la pintura barroca holandesa.

El geógrafo, pintado por Johannes Vermeer en 1669. *El geógrafo, El astrónomo* y *La alcahueta,* son las únicas tres pinturas fechadas y firmadas por Vermeer.

Desde luego, 1632 fue un año relevante para el arte y la ciencia. A los nacimientos de van Leewenhoek y Vermeer se unieron el del filósofo Baruch Spinoza, el del científico y arquitecto Christopher Wren y el del filósofo y médico John Locke, considerado uno de los personajes más influyentes del empirismo inglés. Ese mismo año, el emperador Shah Jahan inició la construcción del Taj Mahal, Galileo Galilei publicó el ensayo *Diálogos sobre los dos máximos sistemas del mundo* y William Oughtred inventó la moderna regla del cálculo, precursora de la calculadora.

Es evidente que, en función del tamaño poblacional de Delft y de la escasa distancia a la que se encontraban los hogares de Antonj y Joannis, lo más probable es que los dos personajes interactuaran desde muy jóvenes y que compartieran vivencias y sucesos desde edades tempranas. Esta potencial relación se confirmó en 1710, cuando María van Leewenhoek, la hija de Antonie, envió a *The Royal Society in London* unas memorias de Johannes Vermeer escritas el 14 de diciembre de 1685 por el propio van Leewenhoek, y en las que Antonie quería rubricar la grandeza como artista de su amigo Vermeer.

Durante su vida, Antonie van Leewenhoek se convirtió en uno de los colaboradores más prolíficos de la *Royal Society*, publicando decenas de cartas en la *Philosophical Transactions of the Royal Society*, una revista científica creada en 1665 que era publicada por la *Royal Society*, y que se convertiría en la primera revista del mundo dedicada en exclusiva al ámbito científico. Sin embargo, van Leewenhoek no tenía formación científica. Algunas de sus profesiones fueron topógrafo, agrimensor, catador de vino y funcionario en su ciudad natal. Con tan solo 16 años, a la muerte de su padrastro, su madre le envió a Amsterdam para que se iniciase y formase como aprendiz de tratante de telas. Fue allí, cuando comenzó a utilizar lentes de aumento para contabilizar las hebras como medida de calidad de los tejidos. De forma autodidacta, aprendió el arte de soplar y pulir el vidrio con el fin de construir lupas de mejor calidad para observar las imperfecciones en los paños. Cuatro años después regresó a Delft y abrió una tienda de telas. Mientras, Vermeer había heredado una fonda y varios asuntos como marchante de arte tras la muerte de su padre pero continuaba desarrollando su formación como pintor. Finalmente, en diciembre de 1953, ingresó en el gremio de San Lucas como pintor libre.

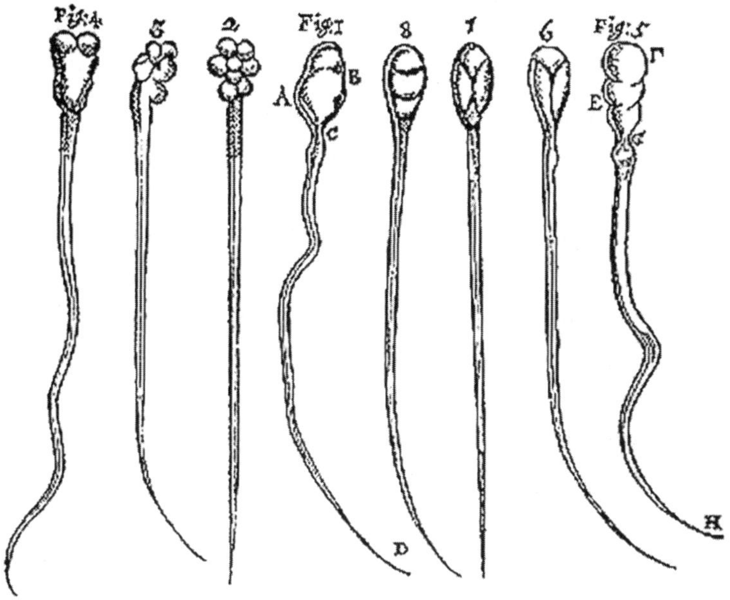

Dibujos de espermatozoides de perro y conejo que supuestamente realizó Vermeer para van Leeuwenhoek.

En esa época, Vermeer y van Leewenhoek comenzaron a mostrar un creciente interés por la óptica. El primero, para alcanzar la maestría en el tratamiento de la luz de sus obras costumbristas, y el segundo, para conseguir observar un mundo que hasta la fecha había quedado oculto al ser humano. Esa afición por la óptica, empujó a van Leewenhoek a crear lentes cada vez más potentes y a introducir a Vermeer en el uso de la cámara oscura y en el empleo de lentes en lugar de la vista directa con el ojo. Esta iniciación, permitió a Vermeer captar efectos lumínicos y visuales extraordinarios que pudo plasmar en algunas de sus obras como *La lechera* o *La encajera.*

Vermeer es una figura excepcional de la pintura. Consiguió representar la paciencia, la concentración o la serenidad de forma magistral. Gran parte de su obra está protagonizada por figuras femeninas siendo el máximo exponente *La joven de perla.* Esta pintura es probablemente el cuadro más conocido de Vermeer, y algunas hipótesis plantean la posibilidad de que la modelo fuera la hija mayor del pintor, cuyo nombre era María, el mismo que el de la hija de van Leewenhoek. Sin embargo, Vermeer no descartó totalmente al hombre como modelo, y la figura masculina como protagonista también aparece en algunas de sus obras. Las más representativas son *El geógrafo* y *El astrónomo.* Ambas obras presentan similitudes en cuanto a composición, elementos, objetos, perspectiva y principalmente el modelo protagonista. La figura masculina de las dos pinturas tiene rasgos faciales idénticos, y una edad comprendida probablemente entre los 30 y 40 años, por lo que se interpreta que es la misma persona. Cuando Vermeer pintó los cuadros en 1668 y 1669, contaba con unos 36 años de edad, por supuesto, la misma edad que van Leewenhoek. Tras comparar esas pinturas con algunos retratos posteriores de van Leewenhoek, varios autores consideran que las facciones son similares y que los ropajes y situaciones concuerdan, por lo que se acepta que el modelo de *El geógrafo* y *El astrónomo* era un joven tratante de telas llamado Antonie van Leewenhoek.

A lo largo de su vida, van Leewenhoek desarrolló cientos de pequeños microscopios, en los que fijaba una lente biconvexa y el objeto a observar entre dos láminas de bronce, latón o plata atornilladas. En 50 años, creó más de 500 microscopios, casi uno al mes. Las habilidades que desarrolló durante ese tiempo y que estaban asociadas con la metalurgia, la molienda y pulido de vidrio de pequeño tamaño, o incluso su formación como topógrafo para ver a distancia puntos de referencia, le permitieron resolver problemas relacionados con la visibilidad e iluminación de la muestra, el aumento, la resolución, el enfoque, y el manejo de muestras tanto secas como líquidas. Con aquellos arcaicos microscopios consiguió ampliar el tamaño de la pieza observada hasta 200 veces. Esto le permitió ser la primera persona de la historia en observar y documentar la presencia de bacterias y otros microorganismos. Gracias a sus observaciones, se opuso a la teoría de la generación espontánea y sentó las bases de la microbiología experimental. Del mismo modo, en 1677, en una de sus cartas enviadas a la *Royal Society,* describió la presencia de numerosos animálculos en el esperma, por lo que fue el primero en mencionar a los espermatozoides. Las observaciones de los espermatozoides estaban acompañadas de unos dibujos detallistas maravillosos, que de acuerdo con Clifford Dobell, uno de los biógrafos de van Leewenhoek, fueron hechos por Vermeer.

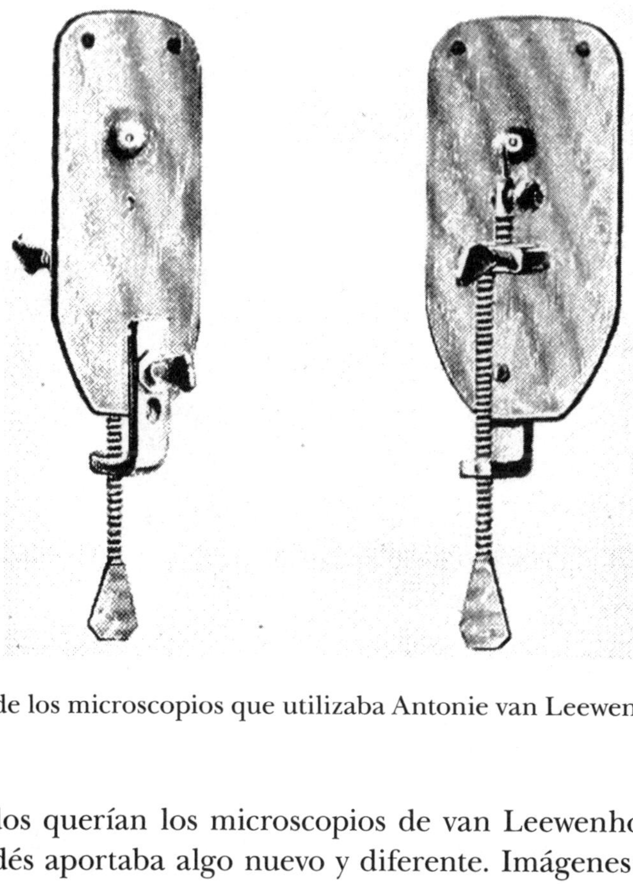

Uno de los microscopios que utilizaba Antonie van Leewenhoek.

Todos querían los microscopios de van Leewenhoek. El holandés aportaba algo nuevo y diferente. Imágenes de un mundo desconocido se descolgaban de sus pequeños artilugios metálicos para zarandear la realidad y entusiasmar a las mentes preparadas. Así, en 1698 cuando el zar ruso Pedro el Grande viajaba por los canales y ríos del norte de Europa, no pudo evitar acercarse a la localidad de Delft, con el deseo de invitar a van Leewenhoek a bordo de su gabarra. Van Leewenhoek accedió y le mostró al soberano sus instrumentos y cómo utilizarlos. Realizó una demostración en la que los presentes pudieron observar la sangre que circulaba a través de los capilares de la cola de una anguila. El zar quedó deslumbrado. Además, con esas observaciones, años antes había probado las famosas conjeturas de William Harvey sobre el nuevo modelo circulatorio referido a la circulación sistémica de la sangre en el sistema cardiovascular.

La joven de la perla realizada por Johannes Vermeer entre 1665 y 1667. Algunos investigadores apuntan que la obra es un *tronie*, un género de pintura propio del Barroco flamenco holandés. Este estilo no tiene una intención retratista, sino el objetivo de resaltar la pericia del autor plástico, con el propósito de que el público compruebe las dotes artísticas del pintor.

Antonie van Leewenhoek era celoso de su trabajo y nunca vendió ninguno de sus microscopios. No obstante, parece probado que regaló dos de ellos a la reina María II de Inglaterra. Lamentablemente, su registro se perdió tras los bombardeos de la Segunda Guerra Mundial, y lo más probable es que fueran destruidos en algún momento de la historia. En vida, Antonie van Leewenhoek seleccionó 26 microscopios de plata para que fueran entregados a la Royal Society después de su muerte. Por desgracia, estos microscopios desaparecieron en la primera mitad del siglo XIX. Por otro lado, dos años después de la muerte de María van Leewenhoek, la colección personal de microscopios de su padre se subastó en el Gremio de San Lucas de Delft. La mayoría de los compradores fueron notarios de Delft, como Willem Vlaerdingerwout o Hendrick Halder, que adquirieron el mayor número de lotes. En el catálogo aparecen reflejados tres microscopios hechos de oro. Uno lo compró el subastador Adriaan Rees y los otros dos fueron retirados. Ninguno de ellos ha llegado a nuestros días.

En definitiva, en la actualidad se conservan menos de una docena de los microscopios originales de Antonie van Leewenhoek. En el año 2009, la casa de subastas Christie´s, subastó un ejemplar de plata que fue vendido por 321.237,50 libras. En ese momento se pensaba que solo existían nueve ejemplares auténticos. Sin embargo, en diciembre de 2014 se produjo una circunstancia singular. La compañía eBay de subastas por internet subastó por un precio inicial de 99 dólares un lote que contenía antiguos utensilios médicos y de pintura, junto con un par de viejas monedas. Los objetos habían sido rescatados por cazatesoros *amateurs* de varios parques de la localidad de Delft. ¿Cómo habían ido a parar a los parques? La respuesta es sencilla. Durante la década de los 80, las autoridades holandesas decidieron limpiar y dragar los canales de Delft, por lo que se retiró gran cantidad de lodo que sirvió para acondicionar los parques municipales. Ese lodo había guardado y mantenido ocultos multitud de objetos, que por alguna razón, habían terminado en el fondo de algún canal. Los coleccionistas aficionados lo saben y muchos utilizan detectores de metales para buscar antiguallas enterradas en los parques. Sin embargo, el lote de eBay era especial. Incluía una pieza diferente de apenas 5 centímetros que despertó el interés del vigués Tomás Camacho, un coleccionista de microscopios y director médico del laboratorio Lema&Bandín-Grupo Vithas. Camacho presentó una oferta ganadora de 1500 euros por el lote. En concreto, le interesaba la pequeña pieza de 5 centímetros. Con la ayuda de especialistas como Brian J. Ford del Cavendish Laboratory verificaron su autenticidad y se pudo comprobar que la insignificante pieza de 5 centímetros, en realidad, era un microscopio original de Antonie van Leewenhoek. Es el último que se ha descubierto. Había permanecido enterrado durante siglos, primero en el fango de los canales y después bajo el césped de un parque municipal.

Tal vez, van Leewenhoek no estaba contento con el resultado final y decidió deshacerse del microscopio en alguno de los canales cercanos a su casa. Probablemente nunca lo sabremos, pero lo cierto es que hoy, el valor real del microscopio podría superar los 500.000 euros. Quizás, algunos de los microscopios originales de van Leewenhoek permanezcan todavía olvidados en viejos desvanes, enterrados en algún parque a pocos centímetros de la superficie o enlodados en el fondo de algún canal de Delft. Sin duda, todos ellos esperan pacientes a ser descubiertos, sabiendo que cuando alguien los encuentre, volverán a ser protagonistas de una historia fascinante.

PARA SABER MÁS:

- Anderson D. (2014). Still going strong: Leeuwenhoek at eighty. Antonie van Leeuwenhoek 106:3–26.
- Azab W. A. (2014). Johannes Vermeer of Delft (1632-1675) and vision in neuroendoscopy. *Surgical Neurology*

International 5:123.

- Haimov-Kochman R. (2016). Three Giants in the Cradle of Reproductive Medicine; Reproduction Theories of the Seventeenth Century as Discerned by Pregnancy Portraiture in the Oeuvre of Jan Vermeer. *Rambam Maimonides Medical Journal* 7 (2): e0017.
- Klitzman R. (2018). Antoni Van Leeuwenhoek, FRS on Vermeer: a figment of the imagination. *The FASEB Journal* 20 (6): 591-594.
- Robertson L. A. (2015). And then there were 12-distinguishing Van Leeuwenhoek microscopes from old or new copie. *FEMS Microbiology Letters* 362 (14): fnv113.

¿Cómo se puede gobernar un país que tiene doscientas cuarenta y seis variedades de queso?

Cuando el presidente Charles de Gaulle se quejó de la dificultad para gobernar un país que tenía 246 clases de queso, quería poner de manifiesto la dificultad histórica del Gobierno francés para articular medidas funcionariales efectivas en todo el país. Durante siglos, la orografía gala y las decenas de dialectos y lenguas subsidiarias que eran habladas en las distintas regiones francesas, dificultaban la gobernanza, pero a su vez maximizaban las tradiciones y perpetuaban las prácticas provincianas.

Sin duda, una de estas prácticas era la elaboración de quesos. El queso es uno de los alimentos fermentados más antiguos, por lo que su manufactura se enmaraña con tradiciones culturales de las diferentes comunidades donde se produce. En Francia, como en otros países, la producción y comercialización de quesos, suponía uno de los principales ingresos de muchos territorios, lo que fomentaba un escenario de competitividad en los mercados y de salvaguarda de los procesos de fabricación. En realidad, cada variedad de queso es un ecosistema complejo en el que diferentes y concretas comunidades microbianas contribuyen sustancialmente en el sabor, la textura, el aroma y la apariencia final del producto.

Obtención de penicilina en un laboratorio inglés en 1943. Las trabajadoras obtienen el antibiótico a partir de cultivos del hongo *Penicillium*. (Imperial War Museum, UK).

En este sentido, Francia mantiene numerosas variedades de queso diferentes, de las cuales 45 están bajo denominación de origen protegida (D.O.P.). Se ha demostrado que cada queso tiene un sabor particular ligado a una comunidad microbiana específica, y un tamaño poblacional de unas 3×10^9 células microbianas por gramo de queso. Algunas especies de hongos son agregadas deliberadamente como cultivos tecnológicos complementarios para la fabricación de muchas variedades de queso. Este es el caso del género *Penicillium* y en especial de las especies *Penicillium glaucum, Penicilliun roqueforti* y *Penicillium camemberti,* que son usados respectivamente en la elaboración del italiano queso gorgonzola y de dos quesos franceses, el roquefort y el camembert.

El camembert es una denominación genérica de un tipo de queso blando, suave y untuoso. Francia no ha solicitado protección para esta denominación, por lo que se fabrica en todo el mundo. Sin embargo, Francia sí ha solicitado protección para el caso particular del Camembert de Normandie, que se beneficia de la denominación de origen controlada desde 1983 y es una de las D.O.P. de quesos francesas más consumidas. En la actualidad, el Camembert de Normandie es una de las joyas de la gastronomía francesa.

La verdad es que, el origen del camembert es controvertido, pero algunas reseñas lo sitúan hacia finales del siglo XVIII, en la región francesa de Normandía. Según la leyenda, Charles-Jean Bonvoust era un abad refractario de la región de Brie que se había negado a realizar juramento cívico de los principios revolucionarios. Muchos de los sacerdotes preferían huir del país antes que prestar juramento a la república. Gran parte de ellos, se embarcaban rumbo a Inglaterra desde los puertos de Granville y Honfleur. Para conseguirlo, solían cruzar la zona de Vimoutiers. Al igual que otros, Bonvoust cerró las nostalgias y emprendió camino fuera de la inminente república. Se escondió en una granja de Beaumoncel, cerca de las poblaciones de Vimoutiers y de Camembert. Allí conoció a la quesera Marie Harel.

Entre los dos surgió una relación de amistad y confianza. Marie protegió a Bonvoust y el religioso agradecido, compartió con Marie el secreto de la fabricación del queso brie. Marie Harel cambió la receta y empezó a fabricar un queso parecido al brie pero con particularidades propias. Era el Camembert. Sin embargo, existen referencias anteriores que mencionan la producción de un tipo de queso especial en la región de Camembert desde principios del siglo XVIII. En 1708, Thomas Corneille indica en su obra *Dictionnaire* que, en los mercados de Vimoutiers y Argentan, se despachaban quesos del tipo Camembert que eran fabricados desde 1702 por algunos agricultores del departamento de Orne en la Baja Normandía. En este sentido, se acepta que probablemente Marie Harel ya producía este tipo de queso, pero que en 1791, con ayuda de Bonvoust, mejoró la receta, obteniendo un queso Camembert distinto y similar al actual. El producto obtenido era muy apreciado por clientes locales que comenzaron a llamarlo «queso de Louis». En 1798, Marie estableció, en la casa de la señora Trouve ubicada en la rue de l´Horloge de Argentan, un puesto permanente de venta de quesos. En pocos años, los quesos Camembert de Marie Harel recibieron varias menciones y reconocimientos y la demanda se intensificó. Marie profesionalizó el negocio e involucró a su hija que continuaría con la iniciativa familiar.

En el siglo siguiente, el Camembert se sitúa entre los preferidos del público. Así, en 1873, el escritor parisino Émile Zola describe uno de los mercados de quesos situados en *El vientre de París* y reseña que «el camembert con su aroma de carne de venado, derrota los olores aburridos del Maroilles y del Limbourg; extiende su exhalación, sofocando los otros olores bajo su sorprendente abundancia de aliento».

Poco después, en 1890, el ingeniero Eugène Ridel contribuyó a la comercialización de los quesos Camembert de Normandie mediante el diseño de una caja circular de madera de álamo que mejoró el transporte, distribución y aceptación del producto. El queso se hizo tan popular, que durante la Primera Guerra Mundial, formó parte de la ración de los soldados franceses. Las cajas de Camembert entregadas a los soldados portaban imágenes propagandísticas que se suponía inculcaban fuerza y ganas de vivir a los combatientes. Después de la guerra, el novelista y ensayista Marcel Proust, destacó la universalidad del queso Camembert en su obra *Sodoma y Gomorra.*

Antigua quesería Georges Bisson que producía queso Camembert en Livarot.

Por supuesto, existen dudas sobre la veracidad en la relación entre Marie Harel y Charles-Jean Bonvoust, pero en 1947, el padre Guibe, párroco de Camembert, publicó en el boletín parroquial que había encontrado documentos fechados en el periodo revolucionario, y que estaban firmados por 12 sacerdotes que sobrevivieron ocultos en la zona. Entre los firmantes, se encontraba Charles-Jean Bonvoust, benedictino, prior de Rouxville. Según los documentos, Bonvoust estuvo oculto en Camembert al menos desde julio de 1796 hasta febrero de 1797. Por tanto, es muy probable que la quesera y el prior se conocieran.

Estatua de Marie Harel en Vimoutiers.

La producción homogénea del queso camembert se consiguió a comienzos siglo XX, cuando en 1904 el micólogo estadounidense Charles Thom aisló la cepa *Penicillium camemberti* NRRL 877 de un queso camembert. Esta cepa es muy estable y proporciona al queso camembert su típica textura de corteza y su popular aspecto blanquecino actual. Desde que se descubrió, ha sido una de las cepas más utilizadas para elaborar queso camembert de calidad. Además, en 1906, Charles Thom describió a *Penicillium roqueforti* como el hongo necesario para la elaboración del queso roquefort. Años más tarde, Charles Thom se convirtió en el jefe del Laboratorio de Microbiología de la Oficina de Química del Departamento de Agricultura de los Estados Unidos (USDA Bureau of Chemistry). Una de sus principales responsabilidades fue la aplicación de la Ley de Pureza de Alimentos y Medicamentos, por lo que se implicó en el desarrollo de mejoras en los métodos para detectar contaminantes y adulterantes. Con frecuencia, diversos hongos de los géneros *Penicillium* y *Aspergillus* aparecían como contaminantes. Esto inquietaba a Thom que, junto con Margaret B. Church, empezó a investigar las fermentaciones fúngicas de algunos alimentos orientales. Poco después, prestó una especial atención al grupo de *Aspergillus niger,* y descubrió que cultivado en condiciones apropiadas, el hongo era capaz de producir cantidades sustanciales de ácido cítrico. Este ácido era muy interesante para la industria ya que entre otras cualidades, tiene capacidad antioxidante, saborizante y estabilizante. Tras el descubrimiento, en tan solo 5 años, se construyó en Brooklyn una gran fábrica para obtener ácido cítrico a partir de fermentaciones fúngicas. Hoy en día, el ácido cítrico se obtiene principalmente a partir de la fermentación de distintas materias primas por el hongo *Aspergillus.* Además, es uno de los aditivos más utilizados en la industria alimentaria, siendo el famoso E-330 de muchas etiquetas.

El trabajo pionero relacionado con las fermentaciones fúngicas que Charles Thom desarrolló en el Departamento de Agricultura, permitió que años más tarde pudiese contribuir en el desarrollo de métodos eficaces para la producción a gran escala de penicilina a partir de *Penicillium notatum*, un hongo que el mismo describió en 1910. Este hecho, facilitó el suministro de suficiente penicilina a todos los soldados estadounidenses que el 6 de junio de 1944, en plena Segunda Guerra Mundial, participaron en el desembarco de Normandía. Los bombardeos accidentales, que sufrió Vimoutiers durante la Segunda Guerra Mundial, destruyeron la estatua original erigida a Marie Harel en 1926. Años después, gracias a las donaciones que los empleados de la *Borden Cheese Company* realizaron entre 1953 y 1956, una nueva estatua de Marie Harel fue colocada Vimoutiers. La inscripción de la nueva estatua dice: «Esta estatua es ofrecida por 400 hombres y mujeres que hacen queso en Van Wert, Ohio, EE. UU., Con la cooperación del Comité de Ayuda a Vimoutiers». Es curioso que, la misma región donde se originó el queso Camembert, el cual influyó en el interés de Charles Thom por el género *Penicillium,* y que fue esencial para la producción industrial de penicilina, sirvió de puerta de entrada a las tropas aliadas para la liberación de la Europa occidental ocupada por la Alemania nazi. Por tanto, quizás podríamos decir que en parte, el Camembert tuvo su pequeño papel protagonista en la liberación de Francia.

No obstante, no todo son venturas para el camembert. En abril de 2018, se anunció la retirada de un lote de la D.O.P. Camembert de Normandie comercializado por la compañía Fromagerie du Plessis en toda Francia. La retirada involucró al lote 260218DS0, empacado en una caja de madera, y que se comercializó entre el 20 de marzo y el 26 de abril de 2018. La razón fue la presencia de la bacteria *Escherichia coli* O26:H11. Esta cepa es un patógeno emergente y se considera la *Escherichia coli* enterohemorrágica más importante después de la cepa O157:H7. Es capaz de provocar diarrea grave, y debido a su capacidad para expresar toxinas Shiga, ocasiona el síndrome hemolítico urémico, que es la causa principal de insuficiencia renal aguda en niños. Con anterioridad, el 24 de octubre de 2014, la quesería Grainborge retiró de la venta su Camembert de Normandie elaborado con leche cruda de vacas de la raza normanda. En esta ocasión, la razón también fue la presencia de la *Escherichia coli* O26:H11. El empleo de leche no pasteurizada es obligatorio en la normativa de fabricación de algunas D.O.P. de quesos, sin embargo si el proceso no se controla estrictamente, la cepa O26:H11 puede sobrevivir durante la fabricación y maduración del queso camembert preparado a partir de leche microfiltrada y no pasteurizada y por tanto originar un problema de salud pública. A pesar de todo y tomando las precauciones oportunas, como dijo Boris Vian en una de sus canciones, el camembert hay que comerlo a cucharadas.

Queso camembert.

PARA SABER MÁS:

- Benkerroum N. (2016). Mycotoxins in dairy products: A review. *International Dairy Journal* 62: 63-75.
- Bielaszewska M. (2013). Enterohemorrhagic *Escherichia coli* O26:H11/H-: a new virulent clone emerges in Europe. *Clinical Infectious Diseases* 56 (10): 1373-1381.
- Dugat-Bony E. (2016). Highlighting the microbial diversity of 12 French cheese varieties. International Journal of Food Microbiology 238: 265-273.
- Raper K. B. (1965). Charles Thom 1872-1956: A Biographical Memoir. *National Academy of Sciences*. Washington D. C.
- Zhang Y. (2018). Fungal networks shape dynamics of bacterial dispersal and community assembly in cheese rind microbiomes. *Nature Communications* 9: 336.

Experimento número 11

El 31 de mayo de 1999, Mario Benedetti fue galardonado con el VIII Premio Reina Sofía de Poesía Iberoamericana. Unos meses más tarde, en una entrevista para el periódico *La Vanguardia*, definió de forma magistral a la tristeza como la lluvia cayendo sobre un tejado de zinc. La lluvia parece importante para Benedetti, y en ocasiones resbala por sus obras. En el poema *Suburbia*, el poeta uruguayo escribe: «la calma tiene olor a lluvia, la lluvia tiene olor a tierra». Desde pequeño, Mario Benedetti conocía la importancia de la lluvia, de la tierra y de los aromas. Su padre era químico-farmacéutico y su abuelo, Brenno Benedetti, fue un experimentado enólogo italiano que emigró a Uruguay. Brenno contribuyó a preservar las cepas de vides de uva Tannat tras las letales plagas fúngicas y de filoxera que sufrió la vitivinicultura uruguaya a finales del siglo XIX y principios del siglo XX. El Tannat fue el vino varietal que impulsó la producción vinícola a escala comercial en Uruguay y permitió la internacionalización de los vinos uruguayos. Hoy día, la variedad Tannat representa un tercio de los viñedos plantados en Uruguay y, al igual que en otras muchas partes, cada vez que llueve, la tierra mojada envuelve los viñedos uruguayos de un olor característico.

Si la poesía oliera quizás oliese a tierra mojada. Excelsos literatos como García Lorca, Borges o Leopoldo Lugones recurren en sus obras a la sensación que despierta ese peculiar aroma. El poeta catalán José Luis García Herrera, en su poema *Lluvia de octubre* declara: «El olor de la lluvia, de la tierra mojada, nos recoge en el claustro de la meditación». Ramón López Velarde, considerado el poeta de la revolución mexicana, nos regaló el poema *Tierra mojada* en el que se contemplan versos como:

> «Tierra mojada de las tardes olfativas
> en que un afán misántropo remonta las lascivas
> soledades del éter, y en ellas se desposa
> con la ulterior paloma de Noé;
> mientras se obstina el tableteo
> del rayo, por la nube cenagosa(...)».

Sin duda, la fragancia pasajera que emana de la tierra tras el martilleo constante de un chaparrón, una tormenta, un calabobos, un orvallo, un sirimiri o cualquier llovizna inesperada, ha sido un misterio y objeto de controversia y debate durante siglos. En 1964, dos geólogos australianos del la División de Química Mineral del Commonwealth Scientific and Industrial Research Organisation (C.S.I.R.O.), Isabel Joy Bear y Richard G. Thomas, definieron en la revista *Nature* que, ese olor singular y característico que surge al humedecerse con agua muchas arcillas y suelos secos naturales, era debido a un aceite amarillento atrapado en las rocas y el suelo, pero liberado por la humedad. Nombraron al aroma como petrichor. El nombre deriva del griego *petros* (piedra) e *icor,* que en la mitología griega era el mineral presente en la sangre de los dioses, por lo que el significado de petricor se aproxima al de «la sangre de las piedras».

El aroma se manifiesta cuando el aceite es liberado y mezclado con un sesquiterpenoide denominado geosmina. La geosmina es una sustancia química muy olorosa, esencial para originar el aroma petricor. Es producida principalmente por bacterias del género *Streptomyces* aunque también puede ser fabricada por cianobacterias y algunas especies de hongos. La presencia de geosmina es responsable del desagradable sabor terroso que presentan algunos vinos, incluidos los uruguayos, o incluso del agua embotellada. Algunas hipótesis apuntan que la relación entre la producción de geosmina y la presencia de humedad, facilita a los camellos bactrianos del desierto del Gobi la localización de oasis en medio del desierto, ya que estos camélidos son capaces de percibir la presencia de geosmina a decenas de kilómetros de distancia. Sorprendentemente, flores de diversas especies de cactus producen dehidrogeosmina, provocando una emisión de olores diurnos, lo que apoya la conjetura que este inusual volátil puede desempeñar un papel relevante en las interacciones entre las plantas y los insectos polinizadores que buscan agua. Por otra parte, el olfato humano es extremadamente sensible a la presencia de geosmina, y es capaz de detectarla a concentraciones muy bajas. Así, desde la perspectiva de la psicología evolutiva, debe existir alguna razón por la que la presencia de este olor nos atrae y resulta agradable en la mayoría de los casos. Algunos autores sugieren que la afinidad humana por los geosmina, puede estar arraigada desde tiempos ancestrales, en los que nuestros antepasados nómadas vagaban a través de paisajes áridos en busca de agua.

Está demostrado que uno de los mayores responsables de la producción de geosmina es el género *Streptomyces,* y por tanto es el culpable directo del típico olor a tierra mojada. Este género de bacterias es conocido por su capacidad para producir metabolitos secundarios de interés, entre los que destacan alcoholes alifáticos, lactonas, isoprenoides y principalmente antibióticos.

En el año 2010, científicos alemanes descubrieron que las avispas lobo depredadoras de abejas y pertenecientes al género *Philantus*, poseen unas glándulas antenales especiales en las que portan una especie del género *Streptomyces* descrita recientemente y denominada *Streptomyces philanti.* La bacteria es inoculada intencionadamente por las avispas hembras sobre los capullos de las larvas. Allí, *Streptomyces* es capaz de producir nueve sustancias antibióticas y antifúngicas sobre la superficie del capullo, lo que evita las infecciones microbianas y por tanto, incrementa la supervivencia de la larva.

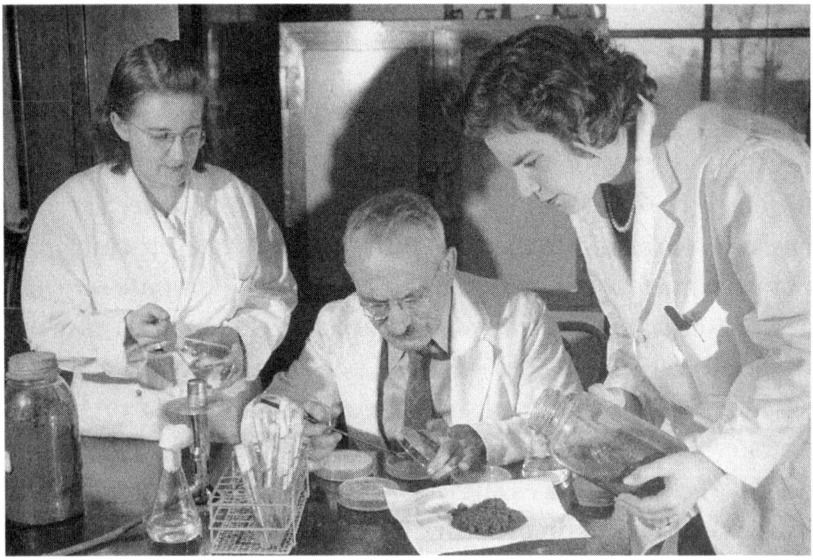

Selman Waksman (1888-1973) y dos colaboradoras trabajando con la bacteria *Streptomyces* en un laboratorio de la Estación Experimental de Agricultura de New Jersey en la Rutgers University.

En realidad, los antibióticos se han incorporado conscientemente hace pocas décadas a nuestras vidas, ya que no se aislaron e identificaron hasta el siglo XX. El 19 de octubre de 1943, Selman Abraham Waksman anunció que había obtenido un nuevo antibiótico no tóxico a partir de dos cepas de *Streptomyces griseus*. Una de las cepas, la 18-16, procedía de un suelo de la Escuela de Agricultura de la Universidad de Rutgers donde Waksman trabajaba, y la otra, la D-1, era menos activa y procedía de la garganta de un pollo. La nueva sustancia, que se denominó estreptomicina, constituyó el primer antibiótico del grupo de los aminoglucósidos y fue aplicada con éxito para el tratamiento de la tuberculosis, convirtiéndose en el segundo antibiótico útil en la historia de la humanidad, tan solo por detrás de la penicilina. Gracias a sus logros, el Dr. Waksman recibió el Premio Nobel de Fisiología o Medicina en 1952. Sin embargo, las dudas sobre la autoría del descubrimiento de la estreptomicina, se aferraron a las vísceras de Waksman como un pequeño y tormentoso parásito hasta el fin de sus días.

Waksman murió en 1973 en Woods Hole, un municipio del Estado de Massachusetts del que se aisló la bacteria *Streptomyces* sp. CCM_MD2014. En el año 2015, la cepa CCM_MD2014 constituyó una de las primeras representantes de la historia del género *Streptomyces* en las que se secuenció y publicó su genoma completo. El genoma contiene al menos 52 *clusters* de genes relacionados con la producción de metabolitos secundarios, algunos con interesantes propiedades farmacológicas como los vinculados a la producción de bacteriocinas o de policétido sintasas.

Selman Waksman había llegado a Estados Unidos desde la Rusia imperial en 1910. Ingresó en la Universidad de Rutgers en Nueva Jersey, y en poco tiempo se convirtió en un reconocido microbiólogo del suelo. En su trayectoria, Waksman consiguió formar a un nutrido grupo de jóvenes investigadores. Entre sus alumnos destacó Boyd Woodruff, que en 1940 descubrió la actinomicina, un antibiótico de amplio espectro contra bacterias. Por desgracia, la actinomicina resultaba demasiado tóxica para su empleo terapéutico. Dos años más tarde, Woodruff aisló la estreptoticina y aunque las pruebas iniciales mostraron que no era tóxico en animales, más tarde se comprobó que tenía un efecto nocivo retardado por lo que se desestimó. Sin embargo, este éxito parcial reafirmó que el equipo de Waksman estaba en el camino correcto, por lo que se empecinaron en encontrar nuevas sustancias antibióticas no tóxicas en humanos. En aquella época, otro de los jóvenes doctorandos bajo la supervisión de Waksman era Albert Schatz. Tras unos meses de reclutamiento en el laboratorio de bacteriología del Hospital Militar de Miami, el joven Schatz regresó al laboratorio de Waskman, cambió el enfoque de sus ensayos y empezó a trabajar en el sótano, intentando aislar sustancias antibióticas no tóxicas a partir de cientos de colonias de actinobacterias. Schatz manejaba un cuaderno de laboratorio en el que anotaba los resultados de sus experimentos. En uno de sus apuntes, el correspondiente al experimento número 11, Albert registró que, tanto la cepa 18-16 como la cepa D-1, habían producido lo que parecía una nueva sustancia activa. Schatz había acertado con su planteamiento.

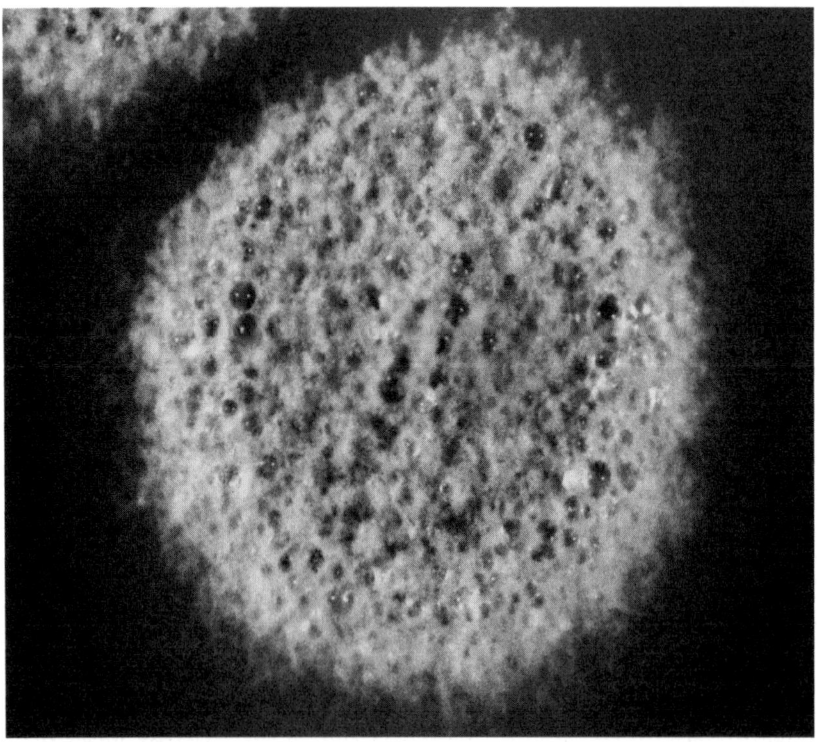

Colonia de *Streptomyces* produciendo antibióticos. En algunas plantas transgénicas resistentes al herbicida glufosinato, la tolerancia es originada introduciendo en la planta el gen *pat* de *Streptomyces viridochromogenes*. Este gen codifica la enzima fosfinotricina-N-acetiltransferasa (PAT) que es capaz de inactivar al herbicida.

El nuevo antibiótico fue nombrado por Waksman y Schatz como estreptomicina. Los experimentos de laboratorio de Schatz confirmaron que la estreptomicina era efectiva contra *Mycobacterium tuberculosis*, el agente causal de la tuberculosis en humanos. Waksman alcanzó un acuerdo con la compañía farmacéutica Merck & Co., otorgándole los derechos sobre la droga a cambio que la empresa proporcionara financiación parcial, asistencia química, y animales de experimentación para la evaluación farmacología del antibiótico. Inmediatamente Waksman contactó con dos investigadores médicos de la clínica Mayo, William H. Feldman y H. Corwin Hinshaw, para realizar pruebas en conejillos de indias que padecían tuberculosis. El ensayo fue un éxito y la tuberculosis desapareció de los animales. Tras los ensayos pertinentes, la clínica Mayo anunció que la estreptomicina permitía superar la tuberculosis en humanos. A finales del verano de 1944, estaba claro que la estreptomicina era la primera cura eficaz contra la tuberculosis, y la compañía Merck estableció instalaciones de producción masiva. La peste blanca que durante los siglos XVIII y XIX había arrasado ciudades y segado la vida del 25% de la población europea, por fin disponía de un tratamiento efectivo.

La estreptomicina también se mostró eficaz frente a otras infecciones bacterianas como la fiebre tifoidea, el cólera, la peste bubónica o la turalemia, por lo que Waksman intuyó que el antibiótico tendría un papel determinante en la medicina y renegoció el acuerdo con Merck. El 80% de los royalties generados por la comercialización del antibiótico se asignaron a la Universidad de Rutgers, y el Dr. Waksman aceptó los derechos para el 20% de los royalties restantes. La fama y elogios recayeron en Waksman, obviando el papel de Schatz en el descubrimiento de la estreptomicina. Con el paso de los años, la indignación de Schatz aumentó y presentó una demanda legal contra Waksman y la Universidad de Rutgers, requiriendo su reconocimiento como descubridor de la estreptomicina, y reclamando parte de los royalties generados de su patente. Como consecuencia, la relación entre Waksman y Schatz se tornó áspera y hostil. Contra todo pronóstico, el caso fue resuelto antes de ir a la corte, ya que Schatz aceptó una propuesta presentada por el Dr. Waksman. En la propuesta se expresaba que el 10% de las regalías debían pasarse a un total de 26 personas, las cuales habían estado involucradas de alguna manera en el descubrimiento de la estreptomicina, y que además, Schatz recibiría la mayor fracción como descubridor del cultivo de *Streptomyces* que produjo la estreptomicina. Años más tarde, en las instalaciones donde se aisló el antibiótico, la Universidad de Rutgers colocó una placa conmemorativa en la que se manifiesta que Albert Schatz fue realmente el codescubridor de la estreptomicina.

La ciudad de Filadelfia también tiene un pequeño papel protagonista en esta historia, ya que allí, Schatz falleció en el año 2005 víctima de un cáncer pancreático y casi 80 años antes, en 1927, la compañía Merck se fusionó con la firma químico-farmacéutica de Filadelfia Powers-Weightman-Rosengarten, creando el coloso Merck & Co., Inc., que sería fundamental para la producción de estreptomicina en la década de 1940. Hasta su muerte, Schatz recibió numerosos premios y menciones, incluida la Medalla Rutgers de la Universidad de Rutgers, pero la Fundación Nobel nunca ha reconocido su error de no incluirle junto a Waksman como ganador del Premio Nobel de Fisiología o Medicina de 1952.

El descubrimiento de la estreptomicina ocasionó un fervoroso interés en buscar nuevos antibióticos producidos por el género *Streptomyces*. En 1948, Benjamin Minge Duggar, un trabajador de los Laboratorios Lederle, aisló una cepa de *Streptomyces aureofaciens* a partir de una muestra de suelo de Sanborn Field, un campo de experimentación agrícola de la Universidad de Missouri. La bacteria producía un nuevo antibiótico. Dado el característico color dorado de la colonia bacteriana productora, el antibiótico recibió el nombre de auromicina. La auromicina, también denominada clortetraciclina, es un antibiótico natural perteneciente al grupo de las tetraciclinas. Estos antibióticos presentan un amplio espectro de actividad antimicrobiana, carácter anfotérico, capacidad de quelar metales como el calcio, el manganeso o el magnesio y una peculiar emisión de fluorescencia cuando son expuestas a luz ultravioleta. Debido a su afinidad por el calcio, las tetraciclinas de primera generación como la clortetraciclina, pueden fijarse a los huesos, lo que permite estudios de patrones de crecimiento óseo. Esta característica ha permitido evidenciar el uso empírico de tetraciclinas 1500 años antes de su descubrimiento. Así, en excavaciones arqueológicas de Egipto, Sudán y Jordania, se han descrito restos óseos humanos que contienen tetraciclina. Este hecho habitualmente se ha explicado como parte del proceso tafonómico de fosilización de los huesos. Sin embargo, hace varias décadas, el grupo del profesor Armenlagos, estudiando el proceso de osteoporosis de momias nubias pertenecientes al denominado «grupo X», y rescatadas del cementerio de Ballana, descubrieron una concentración inusualmente alta de tetraciclina en huesos datados entre el año 350 y el año 550. En presencia de luz ultravioleta, los huesos saturados de tetraciclina presentaban una cautivadora fluorescencia verdosa. El contenido en tetraciclina sugería que la población recibió el antibiótico durante la mineralización del hueso. Esto ocurre durante periodos de 80 días, por lo que la elevada concentración no podía explicarse como consecuencia de acciones *post morten*. La tetraciclina había sido tomada en vida 15 siglos antes de su descubrimiento. ¿Cómo podía ser posible?

Al principio, se supuso que el contenido en tetraciclina venía por la contaminación ocasional por *Streptomyces* del grano que consumían los nubios. Esto parecía poco probable, porque en esas condiciones la presencia sería esporádica y no se produciría suficiente tetraciclina. Los indicios apuntan que la población del Grupo X era experta en la ciencia de la fermentación, y tenían conocimientos para fabricar cerveza a partir de granos fermentados que consumían como gachas. ¿Elaboraban los nubios cerveza con tetraciclina? Armenlagos reprodujo el método de elaboración de cerveza nubia adicionando *Streptomyces aureofaciens* y obtuvo una bebida amarga que contenía tetraciclina. La competición entre las cepas de *Streptomyces* y otros microorganismos responsables de la fermentación como son las levaduras, pueden inducir la producción de aureomicina. Es probable que los nubios produjeran la primera cerveza con tetraciclina de manera circunstancial e inconsciente, pero el método se instauró y perduró. La población adulta consumió tetraciclina de forma habitual, y el hecho que se haya encontrado elevadas cantidades de tetraciclina en restos de un niño de 4 años, sugiere que probablemente a los niños entre 2 y 6 años, se la suministrasen en forma de granos fermentados contaminados como alimento de destete. Quizás fue el sabor diferente de la cerveza y las gachas, quizás fue el atractivo color que presentaban, quizás fueron las propiedades que aportaban, o quizás acogieron la contaminación con *Streptomyces* como un regalo de los dioses y la perpetuaron en el tiempo. No lo sabemos, y será difícil que el cementerio de Ballarta nos aporte más información al respecto, ya que la construcción de la presa de Asuán entre los años 1959 y 1970 sumergió la zona bajo el gigantesco embalse que hoy conocemos como «lago Nasser». Quizás el tiempo y la ciencia den respuesta a esta incógnita.

PARA SABER MÁS:

- Archivo Teresa Caviglia de Navarro, Carpeta caratulada «Estancia Santa Blanca. Cartas de Brenno Benedetti 1916-1917. Juan Pedro y Buenaventura. Borradores Embarcadero»: carta de Luis Caviglia a B. Caviglia, Montevideo, 12 de junio de 1918.
- Basset E. J. (1980). Tetraciclyne-Labeled Human Bone from Ancient Sudanese Nubia (A.D: 350). *Science* 209: 1532-1534.

- Bear I.J. (1964). Nature of Argillaceous Odour. *Nature* 201, 993-995.
- Kroiss J. (2010). Symbiotic streptomycetes provide antibiotic combination prophylaxis for wasp offspring. *Nature Chemical Biology* 6: 261-263.
- Nelson M.L. (2010). Brief Communication: Mass Spectroscopic Characterization of Tetracycline in the Skeletal Remains of an Ancient Population From Sudanese Nubia 350-550 CE. *American Journal of Physical Anthropology* 143: 151-154.
- Woodruff H. B. (2014). Selman A. Waksman, Winner of the 1952 Nobel Prize for Physiology or Medicine. *Applied and Environmental Microbiology* 80 (1): 2-8.

El milagro de Bolsena

Torre Alfina es un estratovolcán situado en la región italiana del Lazio. Su arcaica actividad ha modelado el paisaje circundante, sembrando un campo de lava que se aposta cercano al cañón del río Paglia. Este río, serpentea durante más de 80 kilómetros por las provincias de Siena, Viterbo y Termi, hasta que desemboca en el Tíber, al sureste de Orvieto. La ciudad de Orvieto está emplazada en una enorme plataforma de toba volcánica que se encuentra horadada por cientos de pozos, galerías, cavernas artificiales y túneles. Algunas de estas construcciones han sido acondicionadas para que sean accesibles a los turistas. Así, es habitual encontrar visitantes en el majestuoso Pozzo di San Patricio o en el popular Pozzo della Cava, un pozo etrusco de 36 metros de profundidad ubicado en una residencia de la Via della Cava.

La oferta turística de Orvieto se complementa con palacios, necrópolis, fortalezas, iglesias, museos y una catedral gótica construida en el siglo XIV por orden del papa Urbano IV. La catedral mezcla el gótico italiano con influencias bizantinas y norteñas, presentando una espectacular fachada policromada que es considerada una de las grandes obras maestras de la Baja Edad Media.

La misa de Bolsena, pintada por Rafael (Raffaello Sanzio) en 1512.

La construcción de la catedral comenzó en 1290, y su objetivo era albergar y custodiar dignamente el Corporal del Milagro de Bolsena. El milagro había acontecido, unos pocos años antes, en 1263 en la cercana y humilde localidad de Bolsena. Aquel año, un sacerdote venido de Praga, se disponía a celebrar la Santa Misa en la Basílica de Santa Cristina de Bolsena. La iglesia estaba consagrada a la mártir y patrona del municipio, y era considerada una fortaleza de fe. Los peregrinos procedentes del norte con destino a Roma y que elegían Bolsena como lugar de descanso, solían congregarse en la basílica. El oficio transcurrió con normalidad y el templo rebosaba feligreses en el momento de la eucaristía. Sin embargo, antes de la consagración del pan y el vino, el sacerdote se mostraba titubeante. A pesar de su condición, el religioso mantenía severas dudas de fe sobre la doctrina de la transubstantación. Aquella incertidumbre atormentaba su mente y corazón, pero riguroso, continuó con el rito. Tras pronunciar las palabras rituales y dividir la

Hostia, observó asombrado, que el corporal que vestía estaba manchado de sangre. La sangre brotaba de las sagradas formas, enrojeciendo las vestimentas y salpicando el suelo. El pan ázimo se había transformado en el cuerpo de Cristo. Estupefacto y aturdido, suspendió la ceremonia y recogió las hostias que guardó en la sacristía. El sacerdote rezó agradecido. La señal que había presenciado fortificaba y protegía su fe. Pidió ayuda a las autoridades competentes, y el papa Urbano IV encargó a Giacomo Malatraga, obispo de Orvieto, que acudiera a Bolsena en compañía de varios teólogos para verificar los hechos. Entre los estudiosos se encontraban el dominico Tomás de Aquino y Juan Fidenza, ministro general de los franciscanos, y conocido como Buenaventura de Bagnorea. La comisión confirmó la verdad del milagro y para celebrarlo, el 11 de agosto de 1264, con la bula *Transiturus de hoc mundo*, el pontífice Urbano IV estableció la vigente festividad del Corpus Christi para el patriarcado de Jerusalén. Después, el 8 de septiembre, estableció la festividad para la Iglesia universal. En la actualidad, las reliquias menores del «milagro de Bolsena» se conservan en la Basílica de Santa Cristina de Bolsena, mientras que las reliquias mayores permanecen en la Catedral de Orvieto.

El milagro tuvo una gran repercusión y fue inmortalizado en 1512 por Rafael, en su obra *La misa de Bolsena*. El fresco que pintó el artista renacentista puede contemplarse en el Palacio Apostólico de la Ciudad del Vaticano, en una de las estancias que forman parte de los Museos Vaticanos. Sin embargo, el caso de Bolsena no es único. En 1383, tras un incendio que asoló la ciudad alemana de Wilsnack, aparecieron en el sagrario de la iglesia varias hostias ensangrentadas. El obispo de Havelberg documentó el milagro, convirtiendo a las hostias en objeto de peregrinación a Wilsnack. Los milagros comenzaron a atribuirse a las reliquias, y pronto se las conoció como «la Sangre Santa de Wilsnack». Los ingresos que generaron los peregrinos permitieron construir la iglesia de San Nicolás, y Wilsnack empezó a rivalizar con importantes focos de peregrinación europeos como Santiago de Compostela. Casi 150 años más tarde, el 19 de abril de 1529, numerosas ciudades alemanas presentaron la «protesta de Espira». La protesta era una queja formal hacia el edicto emitido por el Emperador Carlos V, por el que anulaba la tolerancia religiosa. Esta iniciativa desató una serie de acontecimientos que propiciaron la Reforma protestante, y la posterior destrucción en 1558 de las reliquias de Wilsnack por parte de los protestantes.

Durante siglos, los milagros de Bolsena y de Wilsnack solo pudieron explicarse con base a una intervención divina. Sin embargo, otro extraño fenómeno sangriento ocurrido en 1819 en Italia, condujo a una explicación natural y científica del «misterio de Bolsena» y de otros hechos similares acontecidos a lo largo de la historia.

A principios de julio de 1819, ocurrieron varios fenómenos inexplicables en la provincia italiana de Padua que perturbaron a los campesinos de la zona. El verano era más cálido y húmedo de lo normal, y algunos alimentos aparecían manchados con sangre. Pocas semanas después, el fenómeno reapareció con fuerza en Legnaro, en casa del agricultor Antonio Pitarello. La tradicional polenta, hecha con harina de maíz y que la familia consumía habitualmente, se había tornado roja. Los campesinos asumieron que la polenta sangrienta era consecuencia de una actuación diabólica y pidieron a un sacerdote que liberase la casa de los espíritus malignos. El escándalo cobró tal magnitud, que el comisionado policial del distrito nombró una comisión de profesores de la Universidad de Padua, encabezada por el Dr. Vincenzo Sette, para que estudiaran el misterioso fenómeno. Además, el farmacéutico Bartolomeo Bizio, analizó el prodigio de forma independiente. Sette y Bizio llegaron a la misma conclusión, la polenta pigmentada roja era consecuencia de un fenómeno natural. Con base a estas aseveraciones, Pietro Melo, el director del Jardín Botánico de Saonara, defendió que la polenta roja se originaba por una fermentación espontánea que convertía la polenta en una especie de mucílago coloreado. Sin embargo, Bizio lo desestimó y demostró la importancia de la humedad, de la temperatura y de la transmisión de inóculo con las manos para que se generase polenta sangrienta. Comprobó que la coloración rojiza de la polenta podía aparecer en menos de 24 horas. Con base a sus experimentos, Bizio determinó que los espíritus divinos o diabólicos no eran la causa de la polenta sangrienta, sino que el responsable era un organismo que creía un hongo, y al que llamó *Serratia marcences.*

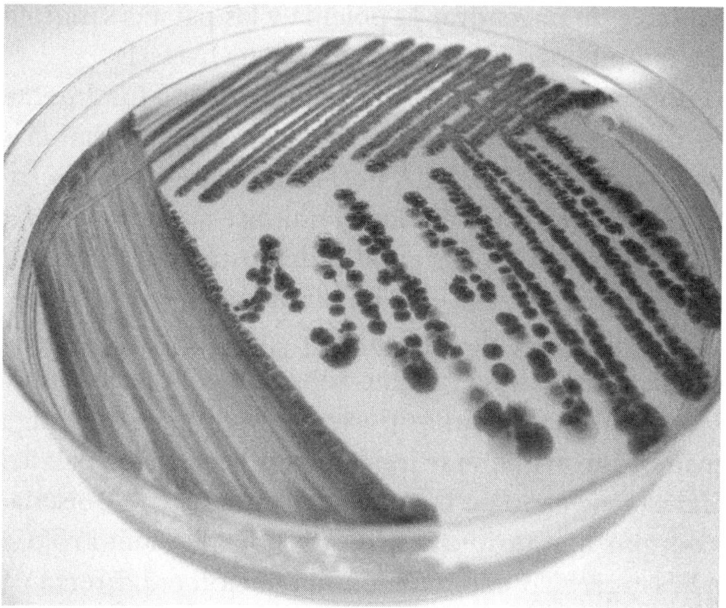

Placa Petri con un cultivo de la bacteria *Serratia marcescens.*

El organismo fue nombrado *Serratia* en honor al físico italiano Serafino Serrati, que había sido pionero en la navegación con barcos a vapor. Por otra parte, el microorganismo recibió el epíteto *marcenscens* por las características del pigmento rojo que presentaba. Bizio había conseguido extraer el rutilante pigmento rojo e intentó utilizarlo para teñir seda y lana, pero la fotosensibilidad que presentaba el pigmento, hacía que la coloración se desvaneciera al poco tiempo. Es por ello, que llamó al organismo *Serratia marcences,* ya que *marcenscens* significa que decae o se marchita. Sette también pensó que el fenómeno era originado por un hongo al que llamó *Zaogalactina imc trofa*. Algunos años más tarde, en 1848, el naturista Christian Gottfried Ehrenberg investigó en Alemania un suceso similar al de la polenta sangrienta italiana. Ehrenberg estudió unas manchas rojas producidas por un organismo desconocido sobre patata cocida. Pensó que las células que había observado eran animales microscópicos y los denominó *Monas prodigiosa*. Bizio, Sette y Ehrenberg estaban equivocados. El organismo responsable de engendrar la polenta y las patatas sangrientas, no era ni un hongo ni un animal, era una bacteria.

El nombre formal de la bacteria se adoptó finalmente en 1980, respetándose el de *Serratia marcences* que había propuesto Bartolomeo Bizio. A pesar de no advertir que se trataba de una bacteria, y de que el nombre de *Monas prodigiosa* se haya desestimado, Ehrenberg demostró que *Serratia marcences* era propensa a crecer en abundancia sobre alimentos que contienen almidón como el pan sin fermentar, donde producía un intenso pigmento rojizo que podía confundirse con sangre fresca. En años posteriores, diversos investigadores evidenciaron que, si se inoculaba la bacteria en pan ázimo similar al fabricado en la época del «milagro de Bolsena», el microorganismo producía un ostensible pigmento rojo similar a la sangre. No había dudas, la relación era directa y hoy, *Serratia marcences* es considerada la principal sospechosa y responsable de originar el milagro de Bolsena. Décadas después de demostrar la implicación de la bacteria en los prodigios religiosos, el pigmento rojo de *Serratia marcences* fue ampliamente estudiado. Dadas las connotaciones históricas relacionadas con los hipotéticos prodigios y milagros que había originado, recibió el nombre de prodigiosina.

La estructura de la prodigiosina empezó a determinarse en 1929, pero no fue elucidada hasta la década de 1960. Los esfuerzos de múltiples investigadores demostraron que en realidad, no había una única prodigiosina, sino que se trataba de un conjunto de sustancias de estructura similar. En realidad, las prodigiosinas son una familia de pigmentos rojos naturales que se producen como metabolitos secundarios en algunas bacterias, y que se caracterizan por poseer un esqueleto de pirrolilpirrometano común. La aplicación médica de estas sustancias es amplia y prometedora, porque presentan actividad antimalárica, antifúngica, antibacteriana, inmunosupresora e incluso anticancerosa, ya que pueden producir apoptosis de líneas celulares cancerosas entre las que se incluyen la leucemia aguda de células T humanas, la leucemia promielocítica, el cáncer hepatocelular, el cáncer de mama o el carcinoma de cérvix.

Durante finales del siglo XIX y gran parte del siglo XX, el atractivo color rojo de *Serratia marcences* junto con su aparente inocuidad, potenciaron el uso de la bacteria en diferentes experimentos microbiológicos y en demostraciones prácticas en aulas y lugares públicos. En 1891, el oncólogo norteamericano William Bradley Coley inyectó a un paciente con cáncer una dosis de la bacteria *Streptococcus pyogenes* directamente en el tumor. La intervención se repitió durante meses con una aparente disminución del tumor. Animado por el supuesto éxito, dos años más tarde, Coley desarrolló una fórmula que combinaba bacterias muertas de *Streptococcus pyogenes* y *Serratia marcences* y la utilizó para tratar a pacientes con sarcoma. En 1916 había documentado más de 80 casos tratados, y al final de su carrera, los tratamientos superaban los 1000 casos. El tratamiento recibió diversos nombres que variaban entre el «fluido de Coley», la «vacuna de Coley», o el más popular, las «toxinas de Coley». En realidad, los resultados fueron muy variables y apenas alcanzaban una tasa de éxito del 10%. Además, muchos pacientes desarrollaban efectos secundarios considerables. Las críticas médicas recibidas, junto con el desarrollo de la radioterapia y la quimioterapia, convidaron a que las *toxinas de Coley* desaparecieran gradualmente del uso médico. Sin embargo, la inmunología moderna ha apuntado que los principios de Coley eran correctos, por lo que se le considera un pionero en esta área.

William Bradley Coley (1862-1936) durante la fiesta de Navidad de 1892. A su izquierda aparece el cirujano C. A. Forgey, y a su derecha un residente del Cancer Research Institute. Desde 1975, el Cancer Research Institute de la Ciudad de Nueva York entrega el *William B. Coley Award for Distinguished Research in Basic and Tumor Immunology*, un galardón destinado a destacados investigadores que han realizado importantes aportaciones en las áreas de investigación de inmunología básica y tumoral.

Otro de los pioneros en la búsqueda de aplicaciones para *Serratia marcences* fue M. H. Gordon. A raíz de una epidemia de influenza ocurrida en Inglaterra, se encargó al Dr. Gordon que analizara la dispersión de los gérmenes en la atmósfera de la Cámara de los Comunes. El análisis tuvo lugar en 1906. La coloración que presentaba *Serratia marcences* ya era bien conocida en aquella época, por lo que Gordon la eligió como organismo trazador. En un experimento épico, Gordon diseminó varias placas petri con medio de cultivo por toda la Cámara de los Comunes. Una vez dispuestas, las abrió. A continuación hizo gárgaras con un cultivo líquido de *Serratia marcences* y comenzó a recitar pasajes de obras de William Shakespeare. Diversas colonias de *Serratia marcences* crecieron en placas lo suficientemente alejadas del lugar donde Gordon declamó los textos de Shakespeare. El crecimiento de *Serratia* en placas lejanas, demostraba que los microorganismos se podían propagar mediante la interpelación de un discurso parlamentario, o que simplemente podían diseminarse al toser y estornudar, por lo que un miembro del parlamento que estuviera enfermo, podía actuar como foco infeccioso en una de las sesiones de la Cámara.

El siguiente experimento trazador con *Serratia marcences* tuvo lugar el 15 de julio de 1919. El teniente coronel James G. Cumming y el Capitán J. W. Cox, del Cuerpo Médico del ejército de los Estados Unidos de América, llevaron a cabo experimentos de transmisión bacteriana rociando las bocas de diversos soldados con *Serratia marcences*. Después, analizaron la transmisión que ocurría a través del uso de utensilios de cocina o de conversaciones con soldados receptores no tratados. En 1937, Burket and Burn utilizaron *Serratia marcences* en experimentos dentales con pacientes del Hospital de New Haven.

Sin embargo, la sospecha que la bacteria podía ser patógena, condujo al Capitán Tom Paine del ejército de los EEUU a exponer a cuatro individuos a grandes cantidades de células viables de *Serratia marcences*, con el fin de analizar los efectos directos que tenía la bacteria en el ser humano. El experimento tuvo lugar el 2 de octubre de 1945, en Camp Detrick. Pocas horas después de la inoculación, los sujetos desarrollaron diversos síntomas y signos que incluían dolor muscular, fiebre, malestar general y producción de esputo verde. En 1958, Waisman y Stone describieron el «síndrome del pañal rojo» en una niña que presentaba *Serratia marcences* en las heces. Posteriormente se conoció que un laboratorio biomédico cercano al hospital donde nació la niña, había estado usando *Serratia marcences* en experimentos con aerosoles. Tras analizar las cepas, se concluyó que probablemente la bacteria de la niña provenía de los aerosoles que había pulverizado el laboratorio.

La percepción sobre *Serratia marcences* ha cambiado con el tiempo. Ha pasado de ser una atractiva e inofensiva bacteria, a ser un microorganismo peligroso. Actualmente, sabemos que es un patógeno humano que también puede afectar a insectos y otros animales como mamíferos y aves. Las infecciones aviares son raras, pero en el año 2017, se confirmó la muerte por *Serratia marcences* de un pavo real de 16 años en el zoo del parque temático de Daejeon O-World en Korea del Sur. La bacteria es capaz de causar un amplio espectro de enfermedades clínicas, que contemplan desde infecciones del tracto urinario, infecciones de heridas o desarrollo de neumonías. Además, es el tercer patógeno más común identificado en las unidades neonatales de cuidados intensivos, donde provoca gran cantidad de infecciones nosocomiales. El 27 de febrero de 2017, la Organización Mundial de la Salud (OMS) incluyó a *Serratia* en la lista de patógenos prioritarios, por su condición de bacteria multirresistente, y al ser especialmente peligrosa en ambientes hospitalarios y en residencias de ancianos. La lista tiene como objetivo, animar a los gobiernos y a las instituciones que incentiven la investigación en los microorganismos que componen dicha lista. Por ello, es muy posible que sigamos aumentado el conocimiento sobre *Serratia marcences*, sobre la repercusión sanitaria de su presencia, sobre sus implicaciones sociales, o incluso sobre su papel en diferentes momentos de la Historia. Quizás, gracias al desarrollo científico, en un futuro próximo vivamos un nuevo «milagro» de *Serratia marcences*, el del tratamiento y curación de diversas enfermedades, mediante la aplicación médica del repertorio de prodigiosinas que la bacteria produce.

PARA SABER MÁS:

- Garlaschelli L. (1999). Chemistry of the wonders. *Chemie in Unserer Zeit* 33 (3): 152-157.
- Kumar K. (2015). Prodigiosin alkaloids: recent advancements in total synthesis and their biological potential. *RSC Advances* 5: 10899.
- Mahlen S. D. (2011). *Serratia* Infections: from Military Experiments to Current Practice. *Clinical Microbiology Reviews* 24 (4): 755-791.
- McCarthy E. F. (2006). The Toxins of William B. Coley and the Treatment of Bone and Soft-Tissue Sarcomas. *The Iowa Orthopaedic Journal* 26: 154-158.
- Nazzaro G. (2017). *Serratia marcescens*: an Italian story. International Journal of Dermatology 56: 795-796.

Los vampiros de Rhode Island

Entre 1724 y 1760 una enfermedad desconocida y emergente, el vampirismo, afectaba los límites fronterizos del Imperio de los Habsburgo. Según las narraciones rurales, la muerte de los afectados sucedía a los 3 o 4 días, los cadáveres no se pudrían y los espectros perseguían a los aldeanos privándolos de su fuerza vital. El concepto de vampiro se ha utilizado para catalogar a diversos seres mitológicos comparables en diferentes culturas y épocas, y que han persistido en la literatura global y en el folclore popular. Esta figura aparece representada de algún modo en las antiguas civilizaciones egipcias, sumerias, griegas o chinas, e incluso en los pueblos americanos y africanos. A partir de la Edad Media, el ente cobra especial relevancia en muchas regiones europeas, y desde finales del siglo XVIII, se convierte en un icono que deambula entre la realidad y la ficción. Así, en 1773 Gottfried August Bürger escribe el poema *Lenore,* y en 1797 Johann Wolfgang von Goethe escribe el poema *La novia de Corinto.* Ambas obras presentan una temática vampírica innegable y dieron lugar a la literatura gótica.

Unos años más tarde, un grupo de amigos reunidos en la Villa Diodati, cerca del Lago Leman, impulsaron la literatura vampírica y gótica en general. La mansión estaba ubicada en la comuna ginebresa de Cologny, y fue elegida como residencia de verano por una cuadrilla de jóvenes escritores, entre los que se encontraban Lord Byron, su médico John Polidori, Percy Shelley y su prometida Mary Godwin, quien más tarde sería conocida como Mary Shelley. El grupo llegó a la casa en mayo de 1816. Durante las semanas en que los jóvenes permanecieron en Cologny, se produjo el fenómeno conocido como «año sin verano», ocasionado meses antes por la violenta erupción del volcán Tambora, que provocó anomalías climáticas en todo el mundo. Estas anomalías se combinaron con el «mínimo de Dalton», una histórica caída de la actividad solar que indujo un descenso de la temperatura global por debajo del promedio registrado. El mal tiempo que se asentó en Suiza, con días fríos, húmedos y lluviosos, condujeron a los escritores a entretenerse leyendo fábulas alemanas de fantasmas, y escribiendo relatos protagonizados por personajes sobrenaturales. Así, en las desapacibles noches de junio de 1816, Mary Godwin esbozó su obra *Frankenstein o el moderno Prometeo* y John Polidori escribió *El vampiro.* Las anomalías atmosféricas de la época, han quedado plasmadas en los paisajes del pintor inglés William Turner. Unas décadas después, la titánica erupción del Krakatoa en 1883, originó unas anomalías atmosféricas extraordinarias, que suscitaron encendidas puestas de sol, y que fueron reflejadas en la obra del pintor inglés William Ashcroft, y en diferentes versiones de *El Grito* y *La Desesperación* de Edvard Munch.

Con el relato de Polidori surge un nuevo modelo de vampiro, aristocrático, lujurioso y cautivador. En ocasiones, se ha interpretado que Polidori basó los rasgos morales y personales de su vampiro en Lord Byron, con el que mantenía una relación tensa. Lo cierto, es que a pesar de que algunos autores como Julio Verne, intentaron liquidar el mito del vampirismo con novelas como *El Castillo de los Cárpatos*, la obra de Polidori sirvió de referente a otros autores, entre los que encontramos a Alexandre Dumas que escribió *El vampiro de los Cárpatos*, a Edgar Alan Poe que articuló los tres cuentos vampíricos *Morella*, *Berenice* y *Ligeia* y a Bram Stoker que en 1897 publicó *Drácula.*

Lápida de la tumba de Mercy Lena Brown en el cementerio de Chestnut Hill, Rhode Island.

Sin duda, existe una interesante analogía entre vampirismo y medicina con respecto a la conversión y surgimiento de los vampiros. El vampiro puede infectar a personas sanas y convertirlas en nuevos vampiros. En realidad, el vampirismo actúa y se extiende como una enfermedad infecciosa o un trastorno genético hereditario. Es por ello, que probablemente algunas epidemias surgidas a principios del siglo XVIII en los países balcánicos, y cuyos síntomas se vinculaban al vampirismo, acrecentaran el mito en la zona. En este sentido, la rabia figura entre las principales enfermedades candidatas. Sin embargo, otras enfermedades como la pelagra o la porfiria eritropoyética congénita también presentan claros vínculos con el mito. La porfiria eritropoyética congénita (PEC) o «porfiria de Günther» se transmite por herencia genética, tiene un carácter autosómico recesivo y los síntomas aparecen en los primeros meses de vida, ocasionando una sensibilidad extrema a la luz solar, originando atrofia epidérmica y dolorosas lesiones.

Algunas bacterias también exhiben comportamientos vampíricos. Es el caso de las bacterias del género *Bdellovibrio* y del género *Micavibrio.* Estos microorganismos son depredadores obligados y consumen bacterias *Gram* negativas. Como buen vampiro, *Micavibrio* se adhiere a la superficie de su presa y se alimenta de ella succionando los nutrientes necesarios hasta matar a su víctima. Curiosamente, la especificidad de *Micavibrio* por algunas bacterias patógenas para el hombre, ha planteado su empleo futuro para tratar infecciones humanas resistentes a los tratamientos antibióticos.

Hoy día, la patología forense propone que la mayoría, si no todas, de las creencias que rodean a la figura del vampiro, se pueden explicar en términos de conceptos erróneos populares, basados en los procesos de descomposición del cadáver después de la muerte. Sin embargo, durante centenas de años se han articulado prácticas funerarias cuya finalidad era evitar el retorno de entidades vampíricas. En el cementerio postmedieval de la localidad polaca de Drawsko, se han encontrado seis entierros, datados entre los siglos XVII y XVIII, que presentan características mortuorias anormales. De los seis individuos, que incluyen tanto hombres como mujeres, cinco fueron enterrados con una hoz colocada en la garganta o en el abdomen, destinada a quitar la cabeza o rasgar el intestino si intentaban levantarse de la tumba. Dos de los fallecidos presentaban grandes piedras colocadas debajo de la barbilla, probablemente como medida preventiva para evitar que se levantaran y mordieran a algún incauto que paseara cándido por el cementerio. En aquella época, se presumía de que la primera persona que moría como consecuencia de un brote epidémico, tenía más probabilidades de regresar de la muerte como un vampiro, por lo que se adoptaban costumbres mortuorias apotropaicas. Así, los enterramientos vampíricos de Drawsko, pueden estar relacionados con las epidemias de cólera que sufrió el este de Europa durante el siglo XVII. Por otra parte, en un estudio sobre fosas comunes de víctimas de la peste durante los siglos XVI y XVII, y realizado entre los años 2006 y 2007 en la isla Lazzaretto Nuovo, en la laguna de Venecia, se encontró un esqueleto de mujer colocado en posición supina y con un ladrillo en la cavidad oral. Este descubrimiento, fortalece los indicios que asocian los entierros rituales en algunas regiones, con el vínculo entre peste y el personaje mitológico del vampiro.

Por tanto, las enfermedades infecciosas han tenido un papel protagonista en la consolidación y tratamiento cultural de la figura del vampiro. De hecho, la exhumación de cadáveres para corroborar que no se habían convertido en vampiros, se volvió una práctica relativamente habitual en Europa y Norteamérica en los siglos XVIII y XIX. En este sentido, en la región de Nueva Inglaterra se han documentado decenas de exhumaciones desde el siglo XVIII. Las creencias y actividades relacionadas con el vampirismo, han sido documentadas en el sur y el oeste del Estado de Rhode Island, en el centro-sur del Estado de Vermont, en el sudeste del Estado de Massachusetts y en el este del Estado de Connecticut.

El desconcierto, la desinformación, el pánico y la superchería favorecían la difusión de las prácticas exhumatorias. Era habitual que los familiares de personas fallecidas por causas desconocidas o relacionadas con situaciones epidémicas, desenterraran los cuerpos de sus allegados en busca de signos «no naturales». Lo rutinario era buscar sangre fluida en el corazón. Estas señales podían indicar que el difunto estaba inmerso en un proceso de vampirización, por lo que se adoptaban las medidas necesarias, desde reducir a cenizas el hígado y el corazón, hasta quemar el cuerpo completo. En general, durante el siglo XVIII y XIX, en la región de Nueva Inglaterra, la apariencia física de los tuberculosos, se interpretaba como una consecuencia de la actividad vampírica.

BELIEVE IN VAMPIRES.

Rhode Islanders Who Are Sure That They Do Exist.

Instances Told of Where the Living Have Been Attacked and Preyed Upon by These Representatives of an Unseen World.

A MEMBER OF THE ANTI-VAMPIRE PARTY.

Caricatura editorial sobre las creencias supersticiosas vampíricas en las zonas rurales de Rhode Island. La ilustración fue publicada por el *Boston Daily Globe* el 27 de enero de 1896.

Por desgracia, durante los siglos XVIII y XIX, la región de Nueva Inglaterra estaba afligida por una terrible epidemia de tuberculosis. La enfermedad, que representaba un alto porcentaje de mortalidad, popularmente recibía el apelativo de «consumo» o tisis, ya que el transcurso de la enfermedad confería a los afectados una apariencia demacrada y consumida. Hoy día, se estima que anualmente, más de nueve millones de personas desarrollan tuberculosis clínica y dos millones mueren por la enfermedad. La tuberculosis es una afección antigua, contagiosa y letal. Se propaga por el aire de persona a persona y es ocasionada por la bacteria *Mycobacterium tuberculosis*. La infección cursa provocando síntomas de tos prolongada, fiebre y pérdida de peso entre otros. Sin embargo, en ocasiones la infección en humanos transcurre de forma latente sin síntomas clínicos. Por desgracia, en ausencia de tratamiento adecuado, la tuberculosis clínica conduce a la muerte en el 65% de los casos. Se sospecha que la enfermedad y los humanos coexisten desde hace miles de años. La conjetura está basada en que la tuberculosis clínica causa unas lesiones específicas y fácilmente reconocibles en los huesos. Estos signos osteológicos se han encontrado en múltiples esqueletos antiguos, incluidos huesos animales. En América del Norte, se han encontrado huesos de bisontes salvajes datados hace 17.000 años que mostraban signos de la enfermedad. Respecto a los humanos, se han encontrado indicios de la enfermedad en restos hallados en Israel y datados hace 9000 años.

Es evidente, que las situaciones de hacinamiento que acontecían en las granjas agrícolas de algunos Estados de Nueva Inglaterra, como el de Rhode Island, facilitaban la transmisión entre personas contagiadas que convivían estrechamente, por lo que era habitual que la tuberculosis se extendiera rápidamente en las familias. A decir verdad, las evidencias osteológicas de presencia de la enfermedad, también aparecen en los esqueletos exhumados de los cementerios de Rhode Island y datados en el siglo XVIII. Del mismo modo, algunos de los esqueletos de Rhode Island aparecieron con las costillas rotas *post morten.* Esta circunstancia tiene sentido si los profanadores de tumbas buscaban extirpar el corazón del difunto para quemarlo, y así evitar la conversión a vampiro. Los cementerios de Rhode Island eran pequeños, a menudo familiares, y se encontraban diseminados por las diferentes granjas, por lo que era lógico que las exhumaciones y las prácticas anti-vampíricas quedaran confinadas a la privacidad doméstica. Sin embargo, el caso de la familia Brown fue especialmente notorio.

Niños fotografiados en 1919 mientras esperaban para ser examinados de tuberculosis por personal de la Sociedad de Tuberculosis del Condado. (Library of Congress, Washington, D. C., USA).

George y Mary Eliza Brown vivían junto a sus siete hijos en la localidad de Exeter, en el Estado de Rhode Island. Formaban parte de una comunidad agrícola pobre, casi de subsistencia. El suelo rocoso y poco fértil no permitía grandes cosechas. A finales del siglo XIX, muchas de las granjas fueron abandonadas. Los jóvenes se alistaban en el ejército, buscaban empleo en la construcción del ferrocarril, o emigraban a otros Estados de tierras fértiles. La familia Brown permaneció en Exeter. Para su desdicha, una extraña dolencia comenzó a afectar a los miembros de la familia. En diciembre de 1883, Mary Eliza Brown murió de tuberculosis a la edad de 36 años. Siete meses más tarde, su hija Mary Olive de 20 años, sucumbió a la enfermedad. Ambas fueron enterradas en el cementerio de Chestnut Hill, detrás de la iglesia baptista de Exeter.

Unos años más tarde, en 1891, otro de los hijos, Edwin comenzó a manifestar los síntomas inequívocos de la tuberculosis. Edwin fue enviado a Colorado Springs, con la esperanza de que sanara de sus dolencias. En ese tiempo, otra de las hijas, Mercy Lena Brown, contrajo la enfermedad. La infección fue fulminante. Mercy murió el 17 de enero de 1892, como consecuencia de la tuberculosis, con apenas 19 años de edad. El crudo invierno había congelado el suelo, por lo que el entierro de Mercy fue pospuesto, y su cuerpo fue almacenado en una cripta de piedra en espera del deshielo primaveral. El señor Brown estaba desesperado y con el alma ronca de tanto llorar. Debía salvar al resto de los miembros de la familia antes de que se consumieran y murieran sujetos a las mismas circunstancias. Los vecinos y amigos de la familia, convencieron a George que, en esas coyunturas, las muertes múltiples en una familia, siempre estaban relacionadas con la presencia de un vampiro entre uno de los miembros. George se había propuesto salvar a Edwin de cualquier forma, por lo que fue persuadido para permitir exhumar los cuerpos de sus familiares fallecidos.

El 17 de marzo de 1892, una comitiva nutrida de varios aldeanos y encabezada por el médico Harold Metcalf y un periodista del *The Providence Journal,* exhumaron los cuerpos de Mary Eliza, Mary Olive y Mercy Lena. Tras más de una década enterrados, los cuerpos de Mary Eliza y Mary Olive exhibieron el nivel esperado de descomposición, por lo que se descartó que alguna de las dos mujeres fuera el origen del mal. Sin embargo, el cadáver de Mercy no se mostraba muy alterado. La joven había fallecido tan solo unos meses antes, y la permanencia del cuerpo en una cripta congelada había evitado el típico proceso de descomposición. Los profanadores encontraron sangre en el corazón de Mercy, lo que fue tomado como una señal indiscutible que la joven era una no muerta, y por tanto el agente causal de la enfermedad de Edwin y de la muerte de su madre y de su hermana. Mercy Lena Brown era un vampiro. Tal y como dictaba la superstición, extrajeron el corazón de Mercy, lo quemaron y sus cenizas se mezclaron con agua. El brebaje fue suministrado a Edwin como medicamento contra su enfermedad. No fue efectivo. Edwin murió dos meses después. Los restos incompletos de Mercy fueron enterrados en el cementerio de Chestnut Hill.

La historia de Mercy tuvo gran repercusión, y varios artículos del *Boston Daily Globe* y del *New York World* dieron notoriedad al asunto. Algunos autores afirman que Bram Stoker se interesó por el incidente, e incluso el acontecimiento influyó en la redacción del manuscrito de *Drácula*, ya que el personaje de Lucy parece estar inspirado en Mercy Brown.

PARA SABER MÁS:

- Brites, Daniela. (2015). Co-evolution of *Mycobacterium tuberculosis* and Homo sapiens. Immunological Reviews 264:6-24.
- Gregoricka, Lesley. (2014). Apotropaic Practices and the Undead: A Biogeochemical Assessment of Deviant-Burials in Post-Medieval Poland. *Plos ONE* 9 (11): e113564.
- Nuzzolese, Emilio. (2010). Forensic Approach to an Archaeological Casework of "Vampire" Skeletal Remains in Venice: Odontological and Anthropological Prospectus. Journal of Forensic Sciences 55 (6): 1634-1637.

María Tifoidea

María Tifoidea es un personaje ficticio del Universo Marvel creado por Ann Nocenti y John Romita Jr. Apareció públicamente por primera vez en el año 1988, dentro del número 254 de la saga *Daredevil*. Es una villana que posee poderes mutantes psíquicos, y que durante un tiempo los guionistas decidieron confinar en una institución mental. La reclusión forzada de María Tifoidea en el centro de salud vino motivada por el peligro que suponía para la sociedad. Esta misma situación la padeció Mary Mallon, la mujer de la cual Nocenti y Romita tomaron prestado el sobrenombre para su personaje mutante.

Mary Mallon nació en 1869 en el Condado de Tyrone, en la pequeña población de Cookstown, al norte de Irlanda. En 1883 emigró a Estados Unidos donde empezó a trabajar como cocinera para familias acomodadas. En 1906 consiguió un empleo como cocinera de un rico banquero de Nueva York, llamado Charles Henry Warren, que presidía el respetado Lincoln National Bank. El señor Warren había alquilado una residencia en Oyster Bay, en la costa norte de Log Island, para pasar con su familia todo el verano, y necesitaba personas de servicio que pudiesen acometer las tareas domésticas diarias durante las semanas estivales, por lo que decidió contratar a Mary como cocinera.

Sara Josephine Baker (1873-1945) fotografiada en 1922. Sara fue la primera ciudadana estadounidense en obtener un doctorado en salud pública y la primera directora de la Oficina de Higiene Infantil de Nueva York. La doctora Baker fue una reconocida sufragista y formó parte activa del Heterodoxy Group, un importante grupo de debate feminista de Greenwich Village (Nueva York), que fue fundado por Marie Jenney Howe en 1912. Dentro del grupo, Sara era conocida por el apelativo de «Dr. Joe». Entre los miembros del grupo también se encontraba Ellen Newbold La Motte (1873-1961), una enfermera especializada en tuberculosis, que fue de las primeras enfermeras de guerra estadounidenses en acudir voluntariamente a Europa durante la Primera Guerra Mundial, con el fin de asistir a los soldados aliados en un hospital de campaña francés. En esta etapa escribió un diario en el que detallaba los horrores cotidianos que vivía. A su regreso a los Estados Unidos, convirtió su diario en un libro, y lo publicó bajo el título *The Backwash of War.*

Desde el 27 de agosto al 3 de septiembre de 1906, 6 de las 11 personas presentes en la casa sufrieron fiebre tifoidea. Los afectados fueron dos criadas, el jardinero, la señora Warren y dos de sus hijas.

La fiebre tifoidea es una enfermedad infecciosa causada por la bacteria *Salmonella entérica* subespecie *enterica* serotipo typhi. La bacteria ingresa por vía digestiva a través de agua o alimentos contaminados con deyecciones fecales, y se establece en el tracto gastrointestinal pudiendo pasar a la sangre, lo que causa una fase de bacteriemia. La bacteria provoca inflamación y destrucción celular en la mucosa intestinal, lo que produce fenómenos necróticos. La infección puede evolucionar con fases de fiebre alta, cefalea, hepatoesplenomegalia, diarrea o incluso hemorragias y perforaciones intestinales, por lo que si no se trata, puede conducir a una sepsis y a la muerte. En el año 2006, un artículo de investigación describió la evidencia de presencia de *Salmonella enterica* serotipo typhi en ADN de pulpa dental de restos encontrados en una fosa común en el antiguo cementerio Kerameikos de Atenas. Este hallazgo, apunta que la fiebre tifoidea pudo ser la responsable de la devastadora «plaga de Atenas», que asoló la ciudad-Estado en el año 430 antes de Cristo. En el relato *Historia de la guerra del Peloponeso*, Tucídides especula que los espartanos pudieron envenenar los reservorios de agua de los atenienses, lo que apoya la hipótesis que la fiebre tifoidea originara la «plaga de Atenas».

En la localidad de Oyster Bay nunca se había declarado un brote de fiebre tifoidea, y en aquella época, el municipio se erigía como un destino vacacional muy popular entre los neoyorkinos adinerados y los políticos más influyentes. De hecho, el presidente Theodore Roosevelt la había elegido para su descanso veraniego. Con aquel panorama, el propietario del inmueble de Oyster Bay, un tal George Thompson, tenía una preocupación megalítica sobre las consecuencias arrendatarias que traería el incidente. Así que, con la finalidad de eliminar cualquier estigma sanitario vinculado con su propiedad, contrató al doctor George Soper, un ingeniero sanitario del Departamento de Salud de la ciudad de Nueva York, que tenía amplia experiencia en brotes epidemiológicos de fiebre tifoidea. Se analizó el agua potable, los retretes, las cloacas, productos lácteos, e incluso una partida de almejas que una anciana había vendido a la familia en la playa. La limpieza en la casa era impecable. Todo fue rechazado como posible fuente de infección. Soper examinó las historias médicas de los afectados y empezó a interesarse por Mary Mallon. Los Warren habían contratado a Mary el cuarto día del mes, y el periodo de incubación de la fiebre tifoidea estaba en torno a los 10-14 días, por lo que el brote de la enfermedad coincidía con la aparición en escena de la cocinera. Además, la sospecha se acrecentaba con el hecho de que, la cocinera desapareció sin aviso tres semanas después de que la enfermedad se manifestara. Los indicios martilleaban la cabeza de Soper, por lo que decidió acudir a la agencia de empleo que había empleado a Mary Mallon. Allí le facilitaron los antiguos empleos de la cocinera, descubriendo que, en todos los hogares en los que había trabajado en los años precedentes, habían aparecido brotes de fiebre tifoidea. Los casos comenzaron en 1901 en una casa de Nueva York donde Mary había trabajado de cocinera durante 11 meses. Después, Mary cocinó en 1902 durante tres semanas en la casa de verano de J. Coleman Drayton en Dark Harbour, Maine. Siete personas hospedadas en la casa enfermaron. En el año 1904, cuatro criados de Henry Gilsey enfermaron mientras Mary cocinaba para ellos en la casa que Gilsey tenía en Sands Point, Long Island. Otro caso, asociado a la presencia de Mallon, apareció en 1906 en la pequeña villa de Tuxedo Park, ubicada en el condado de Orange en el Estado de Nueva York.

En 1906, las epidemias de fiebre tifoidea se relacionaban con personas marginadas y zonas insalubres, por lo que los brotes vinculados a Mary Mallon eran inusuales, ya que aparecían en casas limpias y bien mantenidas. Además, el 30 de junio de 1906, el Congreso de los Estados Unidos había promulgado la Ley de Pureza de Alimentos y Medicamentos que incentivaba a que los principales productores de alimentos, como Heinz y Kellogg´s, mantuvieran estrictos programas de producción para evitar intoxicaciones alimentarias. Sin embargo, una de las especialidades de la cocinera era un postre helado servido con rodajas frescas de melocotón, lo que para Soper podía constituir un excelente medio de cultivo para las bacterias causantes de la fiebre tifoidea. Un tiempo antes de que Soper fuese contratado para investigar los brotes de fiebre tifoidea, en Alemania el doctor Robert Koch había investigado unos brotes tifoideos en una panadería francesa de Estrasburgo. El agua y las instalaciones de la panadería estaban limpias, pero la propietaria había sobrevivido a una fiebre tifoidea contraída unos años antes. Koch demostró que la propietaria, aunque desprovista de síntomas, podía portar la bacteria, expulsarla a través de sus deposiciones, y propagarla por no tener las manos bien limpias. Era un portador. Fue un descubrimiento revolucionario. Soper había leído una publicación que Koch había escrito sobre ese tema. La idea que Mary Mallon fuera un portador asintomático empezó a tomar forma en la mente de Soper.

Los detalles de un nuevo brote en una familia de Park Avenue llegaron a Soper en los primeros meses de 1907. Notificaron dos casos, una doncella y la hija del propietario de la casa, que murió como consecuencia de la infección. Mary Mallon era la cocinera. El doctor Soper estaba convencido que Mary estaba transmitiendo la enfermedad y provocando la muerte de algunos de los infectados, por lo que desde marzo de 1907, comenzó a acosarla. Soper persiguió a Mary Mallon por todo Manhattan, tanto en las casas en las que trabajaba como en su propio domicilio, intentando obtener muestras de heces, orina y sangre de la cocinera. Naturalmente, Mary se negó, y los encuentros solían terminar con Soper desterrado en la calle y Mary blandiendo tenedores gigantes, y vomitando una abrumadora colección de insultos acres e improperios soeces.

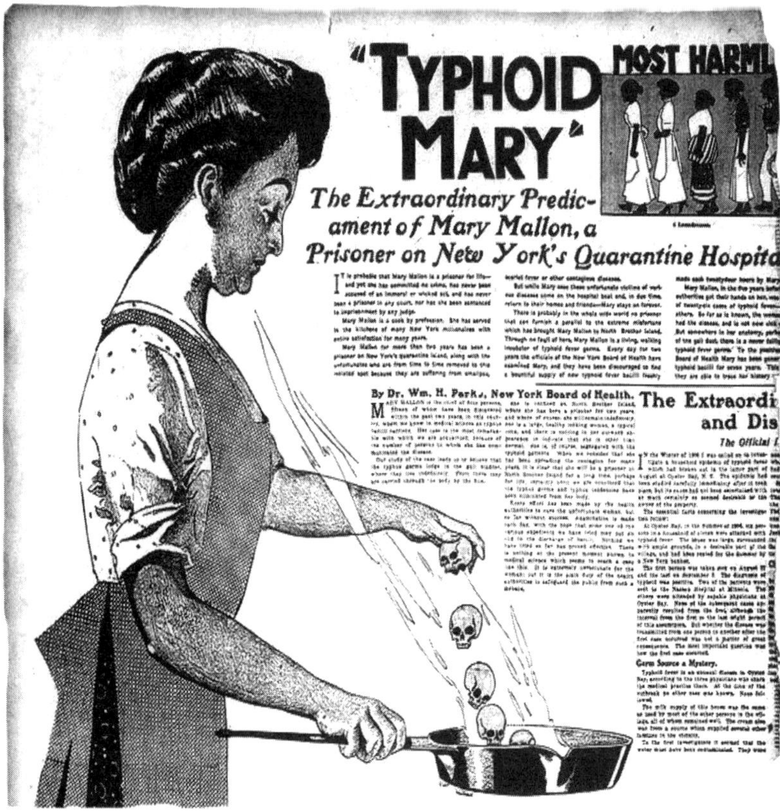

"TYPHOID MARY"

MOST HARML

The Extraordinary Predicament of Mary Mallon, a Prisoner on New York's Quarantine Hospita

By Dr. Wm. H. Park, New York Board of Health.

The Extraordi and Dis

Germ Source a Mystery.

Ilustración perversa representando a Mary Mallon cocinando calaveras y que fue publicada el 20 de junio de 1909 en el periódico *The New York American*. En una ocasión Mary Mallow declaró: «Ante Dios, y ante los ojos de los hombres decentes, mi nombre es Mary Mallow. Fui cristianizada y bautizada como Mary Mallow. Viví una vida decente y recta bajo el nombre de Mary Mallow hasta que me incautaron. Fui encerrada en una casa de pestes y rebautizada como María Tifoidea, el nombre por el cual el mundo me conoce desde entonces». La experiencia adquirida en el caso Mallow, permitió detectar otros casos de portadores de la fiebre tifoidea. Así, el 14 de marzo de 1924, el periódico *New York Times*, publicó: «Alphonse Cotils, de 44 años, dueño de una panadería y un restaurante en el número 242 de West Sixteenth Street de New York, el cual había estado manejando alimentos bajo un permiso del Departamento de Salud durante dieciocho años, es un portador de la fiebre tifoidea, según el testimonio de ayer ante el Magistrado Cobb del Tribunal Municipal».

Soper había fallado estrepitosamente en las primeras intentonas de conseguir las muestras de Mary. Además, trabajaba independientemente, contratado por George Thompson, por lo que no tenía autoridad sanitaria para obligar a la cocinera a facilitar las muestras solicitadas. Por ello, decidió reclutar el apoyo del Dr. Hermann Biggs del Departamento de Salud de la Ciudad de Nueva York, y persuadir a un inspector médico oficial de salud, la doctora Sara Josephine Baker, para que obtuviera las muestras biológicas de Mary Mallon.

La doctora Baker es conocida por haber ayudado a atrapar a Mary Mallon, pero en realidad su legado contra la pobreza e insalubridad urbana es formidable. Josephine contribuyó a mejorar notablemente la salud pública estadounidense, especialmente en la zona neoyorkina de «La Cocina del Infierno», donde a principios del siglo XX acontecían alrededor de 1500 muertes semanales de bebés. La mayor parte de las muertes eran producidas por disentería bacilar ocasionada por diversas enterobacterias del género *Shigella,* o por disentería ameboide provocada por la ameba *Entamoeba histolytica.*

Baker fomentó la formación de matronas y parteras, inventó una fórmula de leche para lactantes, instó a que cada escuela tuviera un médico y una enfermera, y ayudó a prevenir la ceguera infantil causada por gonorrea. La doctora Baker trataba la infección ocular con dosis controladas de nitrato de plata, lo que permitía eliminar a la bacteria *Neisseria gonorrhoeae* causante de la gonorrea. En la zona de «La Cocina del Infierno», la ceguera disminuyó de 300 casos al año a 3 casos cada dos años. Por cierto, «La Cocina del Infierno» es el vecindario de Manhattan donde reside Matt Murdock, el personaje ficticio de la editorial Marvel Cómics, creado por Stan Lee y que es el alter ego del superhéroe Daredevil, en cuya colección apareció por primera vez el personaje mutante de María Tifoidea.

En el caso de Mary Mallon, el 20 de marzo de 1907, la doctora Josephine Baker se personó, junto con varios oficiales de policía, en la casa de la cocinera para obtener las pretendidas muestras de heces, orina y sangre. Mary se mostró poco colaborativa y tuvieron que custodiarla con vigor hasta la ambulancia. Una vez allí, Baker se sentó sobre ella para inmovilizarla y obtener las muestras solicitadas. La corpulencia de la cocinera, y la fiereza con la que se defendió, hizo que Baker declarase que la situación había sido como estar enjaulada con un león furioso. Mary fue transportada al Hospital Willard Parker y el análisis bacteriológico de sus muestras confirmó la presencia significativa de *Salmonella typhi.* George Soper había resuelto el misterio y descrito al primer portador sano de *Salmonella typhi* en la historia de los Estados Unidos de América.

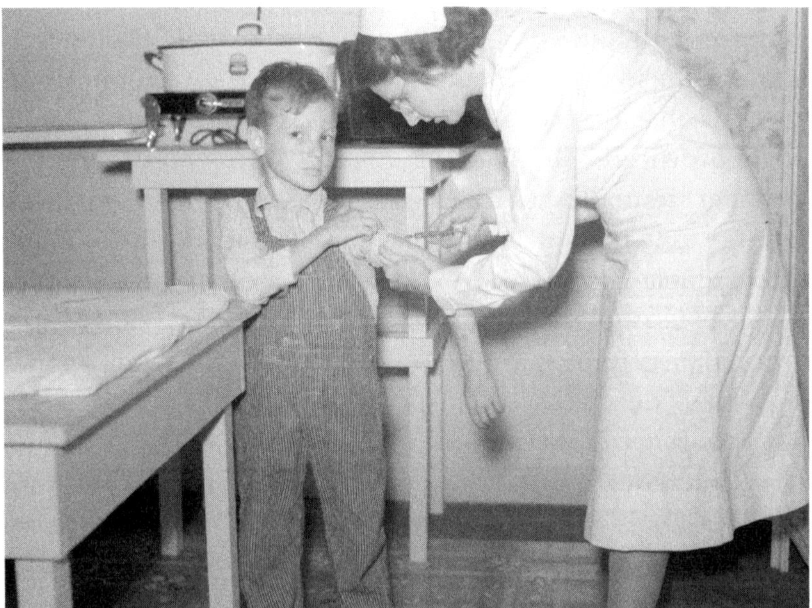

Enfermera de la clínica Irwinville Farms del estado de Georgia inoculando a un niño contra la fiebre tifoidea en 1938. (Library of Congress, Washington, D. C., USA).

Cuando los periódicos locales conocieron la historia empezaron a publicar sobre el caso, y a referirse a Mary Mallon como María Tifoidea, una mujer capaz de matar con su trabajo.

Mary fue transferida al Hospital Riverside de Long Brother Island, donde fue puesta en cuarentena. Mary nunca entendió porqué la habían confinado en aquel hospital. Permaneció custodiada en Riverside durante años. Se realizó un seguimiento bacteriológico constante. Del 20 de marzo de 1907 al 16 de junio de 1909, se analizaron 163 muestras biológicas de Mary Mallon, de las cuales 120 resultaron positivas para *Salmonella typhi.* Se le administraron fármacos, pero su estado no cambió. En junio de 1909 demandó su puesta en libertad mediante un hábeas corpus, pero su recurso fue denegado. Sin embargo, en febrero de 1910 su suerte cambió. Un nuevo comisionado de Salud Pública argumentó que Mary Mallon había aprendido a controlar sus microbios, y que podía ser puesta en libertad, con la condición que no volviera a trabajar de cocinera, y que debía informar de su situación al Departamento de Salud cada tres meses. Mallon aceptó las condiciones y fue liberada. Lo cierto es que, Mary nunca tuvo intención de cumplir el acuerdo. A los pocos meses el Departamento de Salud le había perdido la pista.

En enero de 1915, un brote de fiebre tifoidea golpeó a la Maternidad Sloane en Manhattan. El brote afectó a 25 profesionales de la plantilla de médicos y enfermeras. Dos de ellos murieron. Las sospechas recayeron sobre la cocinera, una tal Mary Brown. Las autoridades contactaron con el Dr. Soper de nuevo, que tras unas breves pesquisas, confirmó que la señora Brown era en realidad Mary Mallon. La carrera de Mary como cocinera había terminado. Su libertad también. Fue trasladada de nuevo al Hospital de Riverside en Long Brother Island, donde permaneció en aislamiento especial y bajo supervisión. La mañana de Navidad de 1932, Mary fue encontrada paralizada como consecuencia de un derrame cerebral. Casi 5 años más tarde, el 11 de noviembre de 1938 murió de neumonía en Riverside, 23 años después de ser confinada por segunda vez en Long Brother Island. Mary Mallon fue enterrada en el cementerio de Sant Raymond, en el Bronx de la ciudad de Nueva York. El cementerio está dedicado a Raimundo de Peñafort, patrón del derecho canónico y persona que solicitó a Santo Tomás de Aquino la redacción de la obra *Summa contra gentiles.*

Soper sugiere que durante los 14 años de actividad profesional de Mary Mallon, la cocinera contagió de fiebre tifoida al menos a 53 personas por contacto directo. Sin embargo, la mayoría de los casos de fiebre tifoidea, son consecuencia de la ingestión de alimentos y agua contaminados y no del contacto directo con portadores, por lo que se especula que Mary Mallon pudo estar implicada indirectamente en cientos de casos de fiebre tifoidea pero eso de momento, la ciencia no ha podido demostrarlo.

PARA SABER MÁS:

- Bourdain, Anthony. 2003. Typhoid Mary: An Urban Historical. New York: Bloomsbury Publishing.

  Marineli, Filio. 2013. Mary Mallon (1869-1938) and the history of typhoid fever. *Annals of Gastroenterology* 26: 132-134.
- Papagrigorakis, Manolis J. 2006. DNA examination of ancient dental pulp incriminates typhoid fever as a probable cause of the plague of Athens. *Int J Infect Dis* 10(3): 206-214.

Jim

William Key fue un personaje sorprendente y excepcional. Nació en 1833 en el estado de Tennessee, y por su condición afroamericana, su destino era ser esclavo en alguna de las plantaciones de algodón que los amos sureños se empeñaban en perpetuar. Como es lógico, aquel trazado vital debía ser poco apetecible para Key, por lo que luchó con fervor por su libertad hasta conseguirla. Una vez libre, práctico diversos oficios y profesiones entre las que destacaron la de cocinero, jugador de póker, veterano de guerra, feriante, odontólogo ocasional, veterinario, empresario y sobre todo domador de caballos.

Desde niño demostró tener un talento inusual con los animales, en especial con las mulas y los caballos. La empatía especial que William mostraba con los animales y con el padre discapacitado de su amo, condujo a que Martha, la esposa del patrono de la plantación a la que pertenecía William, apreciase las virtudes del muchacho, e intentara potenciarlas enseñándole lectura, escritura, matemáticas, ciencia, elocución, normas de etiqueta y habilidades para la presentación. La adquisición de estas destrezas fue transcendental, ya que tras la Guerra Civil y la consecución de la libertad, William utilizó sus aptitudes para desarrollar una ocupación que le permitió vivir con desahogo.

Cartel de 1897 anunciando el Barnum & Bailey Circus. La primera atracción principal del circo fue Jumbo, un gran elefante africano conocido como el «rey de los elefantes». Jumbo fue capturado con un año de edad en Abisinia en 1861 y el 26 de junio de 1865 llegó al zoológico de Londres, donde permaneció durante 16 años y se convirtió en uno de los habitantes más mediáticos y populares de Londres. Phineas Barnum realizó la desorbitante oferta de 10.000 dólares por el animal. El zoológico la aceptó y provocó la indignación masiva de los británicos. El 15 de septiembre de 1885 Jumbo murió en Ontario atropellado por una locomotora en la estación de St. Thomas. (Library of Congress, Washington, D. C., USA).

Así, una vez finalizada la guerra, William se estableció en Shelbyville, donde abrió un hospital para caballos gracias a un lote que compró en North Main Street. A pesar de no tener formación como veterinario, la población encumbró su labor, y la reputación de William creció hasta ser considerado un prominente doctor de equinos. A partir de ese momento, William se convirtió en uno de los ciudadanos de mayor prosperidad de Shelbyville. El prestigio y la popularidad que alcanzó los canjeaba como la mejor presentación posible, y por ello decidió desarrollar y comercializar un dudoso bálsamo llamado «linimento Keystone» que en teoría aliviaba los cólicos, los calambres, los dolores de cabeza e incluso la cojera tanto de animales como de humanos.

El negocio del linimento fue un éxito y unido a las ganancias que William obtenía de las partidas de póker, le permitió adquirir un hotel y una tienda de vagones entre otros negocios e inmuebles. Al poco, decidió expandir su área de influencia. Para conseguirlo, promovió la venta de su linimento por varios Estados del sur y organizó espectáculos ambulantes de medicina en los que demostraba la aparente efectividad de su producto.

En esa época, comenzó a interesarse por los caballos de carreras e intentó criar al caballo más rápido del mundo. Para ello, acudió a un circo arruinado y compró una famosa yegua árabe llamada Lauretta, que presuntamente había sido robada a un jeque persa y vendida a Phineas Taylor Barnum, un empresario circense responsable de la creación del Barnum & Bailey Circus. El circo era conocido como el «mayor espectáculo del mundo» y en él se mezclaba con éxito un circo ambulante de acróbatas y malabaristas, un zoológico y un espectáculo de rarezas que presentaba personas con anormalidades genéticas, siameses y bellezas circasianas. Lamentablemente, Lauretta había terminado vagando por mediocres circos americanos donde era maltratada y degradada. William cuidó y sanó a la yegua y la apareó con Tennessee Vounteer, un potro semental de raza Standarbred y descendiente de Hambletonian, un pura sangre que es

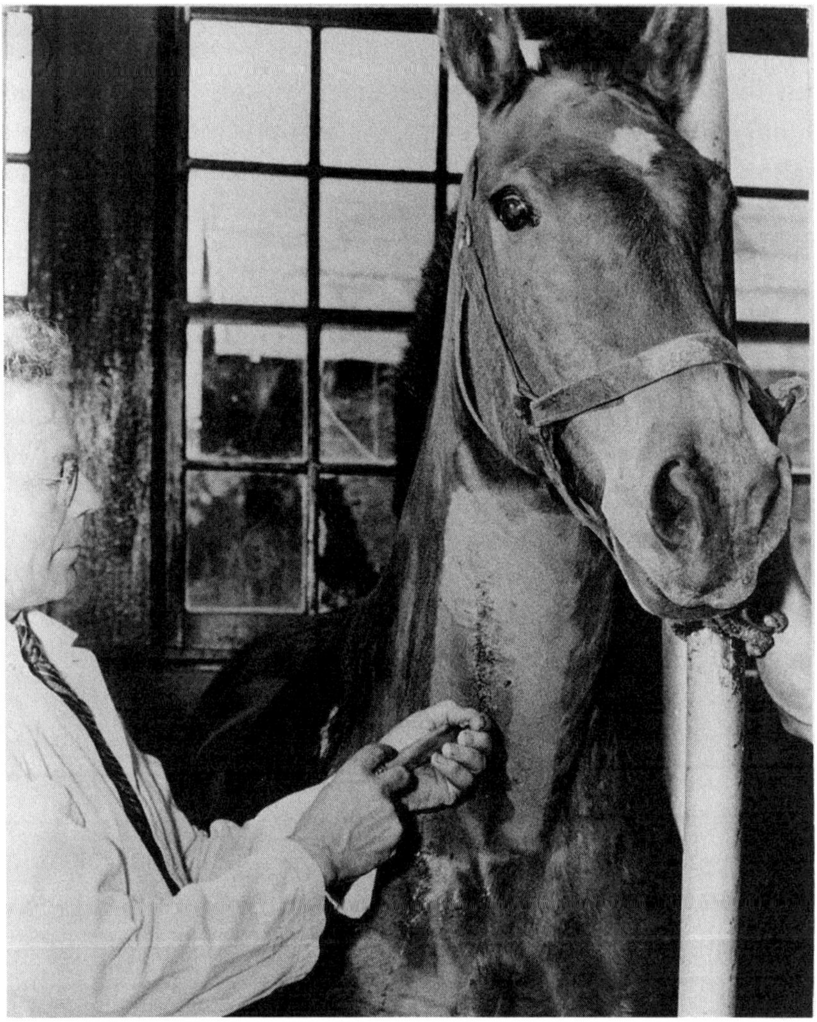

Un biólogo del Departamento de Salud de los Estados Unidos inoculando con bacterias diftéricas a un caballo de la granja de vacunas y suero del Departamento de Salud de la ciudad de Nueva York. La granja estaba situada en la localidad de Otisville, una pequeña villa del condado neoyorkino de Orange. Los laboratorios de Otisville fueron establecidos en 1894 a 80 millas del centro de Manhattan y a la sombra de las montañas Catskilly. En 1983 los terrenos donde se encontraban los laboratorios de Otisville fueron vendidos a la compañía biotecnológica Otisville Biopharm Inc., pero en el contrato de venta, se incluyó una cláusula por la que el comprador se veía obligado a cuidar y atender a los caballos retirados que vivían allí hasta la muerte de los animales. (Library of Congress, Washington, D. C., USA).

considerado uno de los mejores caballos de carreras de finales del siglo XVIII, ya que consiguió alcanzar 18 triunfos en las 19 carreras que disputó.

Por desgracia, a pesar de las expectativas, el vástago fruto de la relación impuesta entre Lauretta y Tennessee Vounteer, resultó ser un potrillo enfermizo que se tambaleaba al intentar andar, por lo que a William le pareció gracioso llamarlo Jim, nombre por el que era conocido el borracho del pueblo. Decidió cuidar del potro y no vaciló en agregar su propio apellido en los documentos oficiales del animal. De esa manera, el caballo fue registrado como Jim Key. William se propuso convertir a aquel jamelgo desvalido en una notoriedad. Durante siete años estableció una rigurosa rutina de entrenamiento para Jim Key. Aplicando paciencia y amabilidad y sin recurrir al castigo, consiguió que aparentemente Jim Key supiera leer, deletrear, realizar operaciones aritméticas, ordenar correos, indicar la hora, reconocer pasajes de la Biblia o participar en debates políticos. William presentó en sociedad a Jim Key en la exposición del centenario de Tennessee de 1897 en Nashville. Durante el acto, William se empeñó en transmitir la idea de que los animales tienen pensamientos y emociones y que hay que tratarlos con bondad. El adinerado promotor Albert Rogers presenció la actuación e inmediatamente negoció con William un contrato que les permitiera llevar el espectáculo a todos los rincones del país. Decidieron alargar el nombre del caballo que pasó a llamarse Beautiful Jim Key y durante 9 años de actuaciones continuas recorrieron la nación, estableciendo récords de asistencia y convirtiendo al animal en una celebridad. Beautiful Jim Key actuó en multitud de teatros, exposiciones, pabellones deportivos, salas de música y fue uno de los espectáculos más populares de la Feria Mundial de St. Louis de 1904, fomentado el uso de la bondad en el tratamiento de los animales.

Sin duda, los caballos están estrechamente vinculados a las personas desde hace miles de años, y por supuesto, Beautiful

Jim Key, no ha sido el único caballo famoso de la Historia. En la extensa lista que podríamos redactar, incluso es posible que apareciesen équidos ficticios como Silver el caballo de *El Llanero Solitario*, Rocinante el caballo de *El Quijote*, o Jolly Jumper el caballo más listo del mundo y propiedad de Lucky Luke.

Lo cierto es que el papel que han desempeñado muchos caballos a lo largo de los siglos ha sido notorio, y entre los caballos reales que han compartido extraordinarias vivencias con sus dueños no podemos olvidar a ejemplares como Estrategos, el caballo del general cartaginés Aníbal o a Bucéfalo, el caballo de Alejandro Magno. Por supuesto, en la relación no pueden faltar campeones como Mozone, ganador 4 veces del Palio de Ferrara entre 1500 y 1504, o Phar Lap un pura sangre australiano que dominó las carreras durante los primeros años de la Gran Depresión y que murió misteriosamente el 5 de abril de 1932. En el año 2000, algunos especialistas concluyeron que Phar Lap murió como consecuencia de una gastroenteritis bacteriana aguda que le provocó una duodenitis mortal. Es evidente que en esta lista tampoco podemos obviar símbolos como Babieca el caballo del Cid Campeador o leyendas como Katie la yegua de Jesse James y Dandy Dock el caballo alazán de Billy el Niño. Incluso Charles Darwin tenía un caballo llamado Tommy.

Resulta manifiesto que el catálogo de insignes corceles es prolijo y abigarrado, por lo que es muy complicado obtener un registro completo y detallado. Sin embargo, algunos ejemplares pocos conocidos han tenido roles destacados en la historia de la humanidad, y por ello merecen una mención especial. Este es el caso de Jim, un caballo ambulancia que se reclutó para la producción de antitoxina diftérica.

La difteria es una infección bacteriana causada por *Corynebacterium diphtheriae*. La bacteria es capaz de producir una toxina que provoca una espesa placa gris o blanca en el fondo de la garganta que puede llegar a bloquear las vías respiratorias y causar la muerte. La aparición de la enfermedad se ha caracterizado por su periodicidad en forma de olas epidémicas con alta incidencia y mortalidad. En el año 1921 hubo 206.000 casos oficiales de difteria en los Estados Unidos de América, de los cuales 15.520 derivaron en la muerte de los individuos. Desde el año 2000, gracias a la vacunación, el promedio de casos anuales de difteria que son informados en Estados Unidos es de 2.

Hoy en día, se calcula que un 86% de los niños del mundo reciben las 3 dosis recomendadas de vacuna antidiftérica durante la lactancia. Aunque parece bastante, esto no es suficiente, por lo que debemos elevar los niveles de cobertura en los programas de inmunización infantil y educar e informar a la población sobre la responsabilidad de vacunar. En España, la vacunación contra la difteria se introdujo con carácter obligatorio en 1945. Las intensas campañas de vacunación realizadas durante décadas condujeron a que en 1987 se registraran los últimos casos de difteria en España. Lamentablemente, en mayo de 2015, un niño de seis años no vacunado de la localidad catalana de Olot contrajo difteria y murió. Era la primera vez que la enfermedad era detectada en Cataluña desde 1983 y el suceso provocó una gran consternación mediática y social.

La bacteria que causa la difteria fue descubierta conjuntamente en 1884 por el patólogo alemán Theodor Albrecht Edwin Klebs y el bacteriólogo alemán Friedrich August Johannes Loeffler. En 1883, Edwin Klebs localizó a *Corynebacterium diphtheriae* en lesiones diftéricas, y en 1884 Friedrich Loeffler confirmó las observaciones y reprodujo los síntomas de la enfermedad en cobayas. Por esta razón, originalmente la bacteria fue nombrada como bacilo de Klebs-Loeffler.

Friedrich Loeffler era un microbiólogo excepcional, estudió medicina en la Universidad de Würzburg y en la Universidad Friedich Wilhelm de Berlín y sirvió en el ejército prusiano durante la guerra franco-prusiana. Después, entre 1879 y 1884, fue un destacado asistente del genial Robert Koch en el Imperial Health Office.

Durante esa época, en 1882, aisló e identificó junto a Wilhelm Schütz el agente causal del muermo en caballos. En la actualidad, la bacteria que provoca el muermo se conoce como *Burkholderia mallei* y en los équidos infectados se halla habitualmente en la secreción purulenta de la nariz. Los caballos pueden transmitirla ocasionalmente a los humanos y provocar una infección sistémica y septicemia. Tras ese descubrimiento, en 1885 Loeffler descubrió la causa de la erisipela porcina y de la peste porcina. Pocos años después, en 1899, junto a Paul Frosch, descubrió que la fiebre aftosa del ganado era causada por un virus presente en la saliva de los vacunos enfermos. Fue la primera vez que se atribuyó la causa de una enfermedad animal a un virus.

No obstante, a pesar del descubrimiento del agente causal de la difteria, la enfermedad seguía asolando las poblaciones en todos los continentes y percutiendo en todos los estratos de la sociedad. Así, otros investigadores continuaron la labor de Loeffler y en 1888, Émile Roux y Alexandre Yersin descubrieron la toxina diftérica. Un año más tarde, Emil von Behring desarrolló una antitoxina diftérica basada en la sangre de caballos inmunizados con bacterias atenuadas.

Por su trabajo, von Behring fue conocido coloquialmente como «el salvador de los niños». En 1890, von Behring publicó un artículo con Kitasato Shibasaburo informando que habían desarrollado antitoxinas contra la difteria y el tétanos. A pesar de ello, la población no podía acceder a los tratamientos, y las muertes por difteria continuaban deslizándose tanto entre las familias humildes como entre los linajes de abolengo, desvelando la fragilidad sanitaria de la época. Una de las ilustres víctimas de la enfermedad fue Lydia Ernestine Becker, líder del primer movimiento sufragista británico, que el 18 de junio de 1890 murió de difteria a los 63 años tras contagiarse en una visita a la ciudad-balneario francesa de Aix-les-Bains. Años antes, también Langdon Clemens, el primogénito de Mark Twain murió de difteria el 2 de junio de 1872 con tan solo 19 meses. Twain canalizó la devastación que le produjo el deceso de su hijo escribiendo el irónico relato corto titulado *Experience Of The McWilliamses With Membranous Croup.*

Fotografía de Emil von Behring. El primer premio Nobel de Medicina y Fisiología fue otorgado a Emil von Behring en 1901 por su trabajo en la terapia sérica y especialmente en su uso contra la difteria. En 1951, Victor Freeman descubrió que el gen involucrado en la producción de la toxina diftérica no está codificado en el cromosoma de la bacteria, sino en un fago lisogénico que infecta a todas las cepas toxigénicas.

Parar la difteria era una prioridad, e incentivados por los hallazgos recientes, los investigadores continuaron examinando y estudiando los resultados. Desde 1894 Emil von Behring y Émile Roux analizaron sistemáticamente y simultáneamente el uso de antitoxinas diftéricas en Berlín y París respectivamente. Como consecuencia de sus trabajos, en el Congreso Internacional de Higiene y Demografía en Budapest, a principios de septiembre de 1894, Émile Roux anunció que el antisuero obtenido de caballos había reducido la mortalidad por difteria desde un 56% a un 24% en el Hôpital des Enfants Malades de París.

En aquellos años, era habitual que muchos médicos estadounidenses hicieran visitas anuales de verano a Europa, con la finalidad de conocer los nuevos avances médicos. 1894 no fue una excepción. Algunos médicos habían oído hablar del uso de una antitoxina diftérica en Berlín y París y decidieron obtener más información al respecto. Uno de aquellos visitantes fue el doctor Hermann Biggs, bacteriólogo responsable del Departamento de Salud de la ciudad de Nueva York. El viaje de Biggs fue fructífero ya que quedó impresionado por los resultados obtenidos en Europa, e inmediatamente contactó con sus colegas y supervisores estadounidenses, con la finalidad de que se le asignara un presupuesto suficiente con el que poder comprar caballos y establecer una factoría de antitoxina en Nueva York. La ciudad asignó los 27.000 dólares que necesitaba Biggs, pero el presupuesto no podía ser liberado hasta el 1 de enero de 1895. Hermann Biggs estaba decepcionado, quería empezar el proceso cuanto antes, pero el dinero todavía tardaría meses en llegar. Por ello, junto con su colega el doctor Mitchell Prudden, decidieron no esperar hasta enero y pagar ellos mismos los caballos.

La factoría se estableció en Otisville, una pequeña localidad cercana a la ciudad de Nueva York. Los caballos fueron inoculados a partir de octubre de 1884, y en diciembre fueron sometidos a extracciones de sangre regulares, a partir de las cuales se obtenía el suero antitoxina. Biggs era muy consciente de las implicaciones sanitarias y sociales que comprometían sus actos, y por ello se preocupó mucho en explicar que los caballos seleccionados eran tratados adecuadamente como pacientes de un hospital, eran alimentados con comida sana y descansaban en establos de lujo.

Imagen de Friedrich Loeffler analizando unas muestras al microscopio. En 1887 diseñó y desarrolló el Medio de Loeffler, un tipo de medio de cultivo que contenía entre otros ingredientes suero de caballo, infusión de carne y dextrosa, y que utilizaba para confirmar el diagnóstico de la difteria. (Colección Wellcome).

A partir del 10 de diciembre el periódico *New York Herald* organizó una campaña pública de recaudación de fondos para apoyar la estabilidad y producción masiva de la antitoxina para que las clases más pobres también pudieran adquirirla. Como muestra de su implicación en la campaña, el diario se ofreció a donar los primeros 1000 dólares para la causa.

Desde el 1 de enero de 1895 hubo un suministro constante de antitoxina diftérica producida en las instalaciones de Otisville. En los años siguientes el uso de la antitoxina permitió reducir el número de muertes por difteria en la ciudad de Nueva York en más de un 50%. El proyecto fue un éxito y los caballos permitieron a los médicos cabalgar sobre la enfermedad. La demanda de antitoxina se disparó por lo que fue necesario comprar más caballos.

Entre los seleccionados se encontraba Jim, un caballo fuerte y sano, que en 1898 dejó de tirar de carruajes ambulatorios para convertirse en residente de Otisville y en uno de los principales productores de antitoxina de las instalaciones. Tras varios años de servicio, Jim produjo más de 30 litros de antitoxina diftérica con la que se salvaron miles de vidas. Sin embargo, el 30 de septiembre de 1901, sobrevino un acontecimiento inesperado. El doctor Ravold sangró a Jim para obtener 2 frascos de suero y notó algo anómalo en el animal. El personal de Otisville examinó a Jim y observaron que había contraído el tétanos, por lo que con dolor procedieron a su sacrifico el 2 de octubre de 1901.

Unas semanas más tarde, el 19 de octubre de 1901, el doctor Harris, un médico de St. Louis atendió a Bessie Baker, una joven que sufría un episodio de difteria avanzada. Harris siguió los protocolos rutinarios e inyectó antitoxina diftérica a Bessie y a sus dos hermanos menores como medida preventiva. Harris aseguró a Bessie que muy pronto estaría bien pero se equivocó. Cuatro días más tarde Harris fue llamado de urgencia al hogar de los Baker. Al llegar quedó estupefacto. Bessie presentaba claros síntomas de sufrir tétanos avanzado. No pudo hacer nada por ella y Bessie murió al día siguiente. Sus dos hermanos la sucedieron unos días más tarde. Tras las investigaciones pertinentes se descubrió que el suero provenía de Jim. En poco tiempo, más de 10 niños tratados con antitoxina diftérica proveniente de suero obtenido de Jim murieron de tétanos. Las investigaciones concluyeron que el suero contaminado de Jim no había sido destruido en su totalidad, ya que dos funcionarios ignorantes de la situación, habían permitido que una pequeña parte se distribuyera. Unas semanas más tarde, 9 niños de Camden en Nueva Jersey, que habían sido vacunados contra la viruela, murieron de tétanos. Se comprobó que las vacunas habían sido fabricadas por la compañía H. K. Mulford y estaban contaminadas.

Estos dos incidentes provocaron la muerte de 22 niños y promovieron la tramitación de la Ley de Control de los Productos Biológicos que firmó el presidente Theodore Roosevelt el 1 de julio de 1902. Esta ley permitió implementar reglamentaciones federales a los productos biológicos, y allanó el camino para regular los productos farmacéuticos de una manera más estricta bajo la Ley de Alimentos y Medicamentos Puros de 1906, y la Ley Federal de Alimentos, Medicamentos y Cosméticos de 1938.

Dos años más tarde de que Roosevelt firmara la Ley de Control de los Productos Biológicos con la que se pretendía evitar que se repitieran sucesos como el de los sueros de los caballos de Otisville, otro caballo de nombre Jim actuó frente a Alice Lee Roosevelt, la hija del presidente Theodore Roosevelt. Ocurrió durante la Feria Mundial de St. Louis en 1904, y el caballo era Beautiful Jim Key. Según los asistentes, el animal predijo que Alice se casaría con el político republicano Nicholas Longworth III. El supuesto se confirmó en 1906, cuando Nicholas y Alice contrajeron matrimonio. El público enloqueció fervoroso y tachó a Beautiful Jim Key de adivino, animal psíquico y genio rotundo. Lo más probable es que su entrenador, William Key, utilizase algún truco y la suerte hiciera el resto. A pesar de ello, Beautiful Jim Key fue un icono generacional y junto a William Key incentivó la bondad, el respeto y el cuidado hacia los animales, emociones que debemos recordar y cultivar.

PARA SABER MÁS:

- Byard R. W. (2013). Diphtheria e 'The strangling angel' of children. *Journal of Forensic and Legal Medicine* 20: 65-68.
- Coleman T. S. (2016). Early Developments in the Regulation of Biologics. Food and Drug Law Journal 71 (4): 544-607.
- Sing A. (2016). *Corynebacterium diphtheriae* in a free-roaming red fox: case report and historical review on diphtheria in animals. *Infection* 44: 441-445.
- Winau F. (2002). Emil von Behring and serum therapy. *Microbes and Infection* 4: 185-188.